总体国家安全观系列丛书

海外利益与国家安全

Overseas Interests and National Security

总体国家安全观研究中心
中国现代国际关系研究院　著

时事出版社
北京

总体国家安全观
系列丛书

《海外利益与国家安全》
分册

主　编

黎文涛

副主编

严　帅

撰稿人

黎文涛　严　帅　曲　兵
汤　祺　王　聪　孙　冉
颜泽洋　李建钢　郑　仪
张昭曦　林一鸣　林梦婷
高群博　邵薪羽

总 序

总序

2024 年是习近平总书记创造性地提出总体国家安全观十周年，2025 年是全民国家安全教育日设立的第十个年头，也是《中华人民共和国国家安全法》颁布施行十周年。总体国家安全观研究中心用两年时间在前两辑基础上推出了“总体国家安全观系列丛书”的第三辑。

“春华秋实，十年有成。”总体国家安全观的创立，使我们党和国家首次有了自己的国家安全指导思想，为新时代国家安全工作提供了强大思想武器。在总体国家安全观指导下，我国十年来不断健全国家安全体系，增强维护国家安全能力，提高公共安全治理水平，完善社会治理体系，战胜了一系列国家安全风险和挑战，巩固夯实了国家安全基础，实现了高质量发展和高水平安全的良性互动，有力护航了中国式现代化建设进程。国家安全事业开创了新局面，取得了历史性伟大成就，走出了一条有中国特色的国家安全道路。

但是，也要清醒地看到，今天的世界越来越不太平了。俄乌冲突硝烟难去，巴以冲突制造了人类新悲剧，大国关系失衡失稳的风险明显加剧，世界局势因此更乱而非更稳了。世界之变、时代之变、历史之变以前所未有的方式加速展开，人类又一次站在何去何从的十字路口。对我国而言，这意味着外部环境的复杂性、严峻性、不确定性明显上升，维护国家安全的任务更重了。维护国家安全，除党政部门要承担主责主业外，更需要全民全社会的理解、支持和参与，所以普及国家安全知识就成为一项常做常新的重要工作。

“二年长枝叶，三年桃有花，四年果盈枝。”总体国家安全观研究中心成立迄今已四年。这四年来，在领导的关怀和相关部门支持下，中心始终坚持总体国家安全观的“理论高地”“宣传阵地”“人才基地”定位，统筹推进国家安全理论研究、战略研究和思想宣传。尤其依托中心秘书处所在的中国现代国际关系研究院，发挥“国家安全学”一级学科和《国家安全研究》双月刊作用，持续推进国家安全研究工作，努力引领中国国家安全理论和战略研究，不断加大国家安全理论和知识的普及工作力度。

为能让“国家安全”这一在过去主要由政治家和战略家操心的“堂前燕”尽快飞入“寻常百姓家”，我们在2021年推出了丛书的第一辑:《地理与国家安全》《历史与国家安全》《文化与国家安全》《生物与国家安全》《大国兴衰与国家安全》《百年变局与国家安全》，通过宏大的视野、厚重的内容、鲜活的语言，成功地把“国家安全”送到了普通读者的面前，并收获了满满的好评。

2022年，在对国家安全领域拓展研究的基础上，我们再接再厉推出了同样热销的第二辑丛书:《人口与国家安全》《气候变化与国家安全》《网络与国家安全》《金融与国家安全》《资源能源与国家安全》《新疆域与国家安全》。这辑丛书主打“尽精微”，从上述六大问题入手，既深入浅出介绍了与日常生活密切相关的国家安全问题，同时还涉及新兴领域问题，使读者对国家安全的认识进一步扩大和深化。

2023年，作为总体国家安全观最新最全的研究成果，我们推出了重磅著作《总体国家安全观透视》，从历史的维度、全球的高度、哲学的深度、实践的力度四大视角，对总体国家安全观进行了全方位深入阐述，同时辅以非常鲜活的历史和现实案例。该书甫一出版就成为很多领导干部的案头书，也是很多普通读者的喜读之书，收获了各界非常良好的反响。

“风雨将春去，清和四月天”，转眼就经历2024年和2025年这样有重大意义的特殊年份。为纪念总体国家安全观创立十周年和第十个全民国家安全教育日，接续推出这套同样是基于最新研究成果、同样是六册、同样是涵盖国内外实践，但聚焦不同领域问题的第三辑“总体国家安全观系列丛书”。

其中，《法治与国家安全》一书，秉持“法者，国仰以安”理念，以“法律是治国之重器”为主线，较全面介绍了法治在古今中外对国家治理、国际博弈和维护国家安全的实践和重大意义。这对我们深刻理解“坚持全面依法治国”和法治与国家安全的关系有重要帮助。

《教育与国家安全》一书，以“教育强则国家强”为主线，既分析了教育与国家富强和国家安全之间的联系，又介绍了当今几个主要国家基于各自实际情况，用教育服务国家建设和国家安全的案例，为我们取长补短提供借鉴。

《军事与国家安全》一书，从包括孙子的“兵者，国之大事”在内的军事战略文化开始，到影响军事手段效能的技术手段和战术思想变革、军事安全的社会属性和时代特征，最后落脚到我国如何通过强军去强国，深入浅出地介绍了军事安全这一国家安全的重要组成部分。

《海外利益与国家安全》一书，针对的是我国已深度融入世界，海外利益遍布全球，“海外中国”快速崛起并成为我国家安全重要组成部分的实际情况，梳理介绍了在不同时代的不同国家，如何看待、拓展和保护海外利益的情况。这对我们认识和维护海外利益具有一定参考价值。

《数据与国家安全》一书，围绕在信息化时代已全方位涉及日常生活、工作和学习，以及几乎所有国家的政治、经济、军事等各领域的“数据”这一关键要素，全景式介绍了与数据相关的国家安全和国际博弈问题，以及当下主要国家和地区就构建数据安全、主导权甚至霸权展开的战略布局和具体做法。

《舆论与国家安全》一书，针对的是在当今国际政治中“假消息”横行、“认知战”泛滥的现实，从解构“何为舆论”入手，从国家安全的视角，基于历史和现实解剖了舆论对国家兴衰、社会治理、国际斗争、大国争霸等的重要作用和影响，强调了维护舆论安全对国家安全的重要性。

时光荏苒，岁月如梭。我们对中国国家安全理论的研究永远在路上，对国家安全理念的推广永远在路上。我们期待这辑丛书能像以往那样，继续获得大家的青睐，同时帮助读者加深对国家安全的认识和理解，继而转化为维护国家安全的自觉行动。最后，让我们携手，共同致力于维护国家安全，共同致力于实现中国式现代化这一奋斗蓝图。国安，天下安！

是为序。

总体国家安全观研究中心
中国现代国际关系研究院

目 录

5 海外公民的万里归途

6 海外经济利益的安全困境

1

第一章

国家安全视角下的海外利益

海外利益，顾名思义，是指国家利益的海外延伸，关乎国家发展和安全大局。在全球化时代，海外利益拓展与维护事关国运。从历史上看，强国大国历来都高度重视海外利益，广泛的海外利益也是强国大国的标配。随着中国日益走近世界舞台中央，以及“一带一路”国际合作深入推进，海外利益不仅是发展问题，也是安全问题，海外利益安全成为总体国家安全观的重要组成部分。

“海外利益观”的历史经纬

人类对海外利益的认知古已有之，历史上不同朝代和帝国均对其所辖领域之外的土地、人口等资源有着利益诉求，都会通过不同方式和“域外之地”建立起联系，其目的无非是国强民富或文化输出。中国古代的丝绸之路以和平商贸的方式和异域互通有无，一度呈现“使者相望于道”“商旅不绝于途”的繁华景象。亚历山大大帝东征 22000 公里，以武力征服波斯，东抵印度，开辟贸易通路，开创了一个东西方文明交流的“希腊化时代”。然而在近代之前，人类“海外利益观”是极为模糊的，当时人们对领土和国界没有太多概念。在中国历朝历代统治者的认知里更是“普天之下莫非王土”，因此张骞通西域以及郑和下西洋都是统治者“天下体系”的展现。大明开国皇帝朱元璋在位 31 年间，曾对外派遣使节 35 次，主要目的是促使外邦前来朝贡。同样，亚历山大、成吉思汗等雄主把“马蹄所及之地”都归为自己疆域，他们心中只有“天下”，“海外”只是还未被征服的远方而已。他们对“国家利益”的理解有时代局限性，主要追求的是帝国荣耀与威望。

“海外利益观”真正形成和具象化是近代以来才开始的，主要受两大因素影响。一是现代主权国家的诞生与发展。在15世纪，欧洲的一些公国、王国逐渐向民族国家发展，民族国家的标志即斯大林所概括的“共同语言、共同地域、共同经济生活、共同文化基础”。16世纪法国政治学家让·博丹提出现代“主权”概念，使“主权国家”理念更加明晰。1648年，欧洲三十年战争结束，欧洲各国签署的《威斯特伐利亚和约》明确了各国的领土疆界，并规定不得对他国疆界内的政治和经济事务进行干涉。威斯特伐利亚体系确立了现代国际关系中的领土、主权、独立等原则，“民族国家”和“主权国家”的意识逐渐深入人心，无论是贵族还是普通百姓都把自己归属于某个国家，而不是某个国王或封建领主。在这种国家意识和疆域意识影响下，“国内”与“海外”的二元对立得以体现，“海外利益”才有了清晰的界定，就是主权之外、国境之外的利益。二是地理大发现使得未知的“海外”世界得以展现。在人类漫长历史中，由于交通技术限制，世界各大洲之间的联系基本是隔绝的，人员交流少之又少，“海外世界”对于多数人而言是未知世界。一些欧洲人虽然对海外世界有着憧憬和幻想，在《马可·波罗游记》影响下认为东方世界是“黄金遍地，香料盈野”，但更多是对未知的恐惧，他们认为远赴千山万水无异于九死一生。从15世纪至17世纪，西欧的航海家和探险者开辟直达东方的航路，发现美洲大陆，开启了地理大发现的“大航海时代”。15 世纪中叶，所有人类已知的陆地面积只占全球陆地面积五分之二，但到了 17 世纪末，人类所知的陆地面积已达到全球陆地面积十分之九。在这个历史背景下，人们对海外世界未知的恐惧已然消退，取而代之的是对海外财富的渴望。1499 年，葡萄牙人瓦斯科·达·伽马在历经两年远航后带回两船香料，其利润是这趟航海成本的 60 倍。类似的远洋航海者传奇事迹在欧洲产生了轰动效应。瓦斯科·达·伽马、哥伦布、麦哲伦、迪亚士等航海探险家在各自的国家被视为英雄，关于他们的传记成为数个世纪欧洲最热销的书籍，西欧国家对海外世界充满了前所未有的探索与征服欲望。可以说，地理大发现开启了西欧国家通过远洋商贸进行殖民扩张之路，欧洲社会因此形成了它们的“海外利益观”。

随着时代的变迁和发展，整个人类社会以及不同国家的“海外利益观”都在发展变化，这种变化和“时间”“空间”密切相关。“海外利益观”的变化体现在三个层面上，即：“何为海外利益”“如何拓展海外利益”“如何保护海外利益”。在不同时代、不同国家、不同发展阶段、不同社会性质下，人们对这些问题的认知和考虑都会有所差异。

首先，“海外利益观”具有鲜明的时代特征。海外利益形成的前提是海外开拓，在很长一个历史阶段，国家对外开拓都是文武并举，武力时常是第一选择，海外行动的道德标准与现代完全不同。在西方列强对外扩张时期，与当代社会主流思潮格格不入的“种族主义”和“宗教狂热”大行其道，但当时很少有人觉得这违背了人类道德。近代的欧洲思想家和探险家大力鼓吹“种族主义”思想，并赋予其道德合法性，为海外武力扩张进行正当性论证。康德、莱布尼茨、达尔文都把美洲、亚洲视为“野蛮人”汇集地，英国思想家霍布斯在《利维坦》中提到美洲和亚洲的“蛮族”处于相互攻击、毫无安全感的残忍状态下，欧洲对这些地方的殖民扩张将为其提供安全保障，因此是“正义”之举。1511年，葡萄牙人占领马六甲，立即下令杀害整个城市的穆斯林商人，这种清洗异教徒的残忍行径还得到葡萄牙国内民众普遍认可。在这种历史认知下，海外利益拓展的道德门槛几乎降到最低，西方列强认为“海外利益到哪，军旗就插到哪”。英国历史学家达特将英国海外拓展史归纳为“商人冒险家、海盗式掠夺、奴隶贸易、建立贸易据点、贸易公司垄断权、征服新的海外土地、灭绝土著、建立殖民地的历史”。武力征服和烧杀抢掠实属平常，这种认知一直延续到20世纪上半叶，并且滋生出希特勒第三帝国的“反犹主义”和“生存空间论”。二战后，新的国际规则得以建立，国际社会的道德观和人权观有了极大发展，种族主义和殖民主义逐渐被扫入历史的“垃圾堆”。当前，正义性与合法性成为各国海外利益拓展及保护的基本原则，任何国家不能为了海外利益损害他国主权，外国公民和外企必须遵守东道国法律法规。尽管在现实世界中，某些大国在海外逐利时以大欺小、以强凌弱的情况仍会发生，但当代国际社会对海外利益的认知无论是在道德层面还是行为方式上相较于殖民时期、两次世界大战时期的认知都发生了翻天覆地的变化。

其次，“海外利益观”根植于国家的国力及地理空间。国家海外利益拓展及保护能力归根到底取决于国力大小。全球性大国如美国凭自身实力在世界各地区拓展利益，由于利益的广泛性，世界任何地方的政局动荡和经济波动都会牵动这些国家的神经，因此全球性大国会比一般性国家更加关注海外利益保护问题，这不仅体现在保护意愿上，更体现在保护能力上。大国强国的“海外利益观”是力求做到“海外利益拓展到哪里，海外利益保护就要跟进到哪里”。对于小国（这里的小国是指“实力小”，而不是“规模小”）弱国来说，海外利益主动拓展能力是有限的，它们的海外利益更多是聚焦在周边邻国。比如，柬埔寨的海外利益基本上只集中在缅甸、泰国、越南和中国等邻国，非洲和拉美的局势变动与柬埔寨海外利益关联性极小。小国弱国和大国强国在“海外利益观”上最大的区别体现在“利益保护意愿和能力”上。很多非洲国家在经济上严重依赖海外市场，对于这些国家来说，海外利益极为重要但又极为脆弱。当它们的海外市场被阻断时，凭自身能力难以应对，其策略只能是求助于国际机构及国际规制。除了国力以外，地理空间也会深刻塑造一国的“海外利益观”。内陆型国家、海陆复合型国家和海洋型国家在对外观念上有显著差异。内陆型国家由于对外通道的闭塞，更倾向于自给自足，追求海外利益的意愿有限；海陆复合型国家“走出去”的意识要强于内陆型国家，它们通常会在“自力更生”和“海外拓展”中寻求平衡；海洋型国家的对外开拓性最强，海洋文明在过去几百年等同于商业文明，“向海而兴”通常是这类国家的信仰，英国、荷兰、西班牙、葡萄牙这些海外利益拓展的先驱国均是典型的海洋型国家。在海洋型国家中，又属岛国最为重视海外利益。岛国通常国土面积不大，发展空间有限，自然灾害频发，这造就了岛国强烈的危机意识，渴望在海外扩张出一片天地来提升安全感。英国是岛国文化的典型，近代以来把海军和对外贸易视为生命线，大力拓展海外殖民地，形成“日不落帝国”；日本所谓的“岛国根性”，使其在明治维新后竭力对外扩张，尽管二战后被打回本土，但它又通过全球性的经济市场扩张再造了一个“海外日本”；新加坡“弹丸之地”，被印尼和马来西亚两个以穆斯林为主体的国家包围，强烈的危机意识迫使新加坡跳出空间的桎梏，一心向外寻求发展，这也成就了新加坡“小”而“强”的特色。

最后，“海外利益观”还取决于不同的社会形态和发展阶段。众所周知，郑和下西洋比欧洲大航海时代早了近 100 年，中国明朝拥有当时最大的船只和最先进的航海技术，但在海外利益拓展方面却远远落后于西方，即便是和平商业开发和对外贸易也少之又少，后期甚至倒退至闭关锁国，可谓是“起了个大早，赶了个晚集”。很多历史学家从文化角度对这种中西反差进行解读，认为受中华文化中“和”的理念影响，中国不具有“扩张性”，同时中国社会传统中对“商”轻视打压，也抑制了对外贸易。但从深层次因素看，当时中西方不同的社会性质起了关键作用。郑和下西洋时，中国处于封建帝制鼎盛时期，明朝宫中上演戏曲《奉天命三保下西洋》，简明扼要地把出航目的表述为“和番”和“取宝”，出发点是扬我国威、取悦朝廷。朱棣皇帝认为的下西洋是“以际天所覆，极地所载，莫不咸归于德化之中”。远航成为一项劳民伤财的“面子工程”，全凭皇帝喜好。在明朝中后期，当朝廷感受到海患倭寇威胁后，就立马施行“寸板不许下海”的海禁政策。一个政权如果把正常的海外联系都视为祸患，那就更谈不上海外利益保护了。《明史》记：“闽人”因吕宋“地近且饶富，商贩者至数万人，往往久居不返”。明万历年间，吕宋的汉人为反抗西班牙殖民者压迫，连续发动起义，上万汉人遭到殖民者屠杀。西班牙当时驻吕宋者不过数百人，十分担心明政府报复，但最后明朝皇帝只是敕福建巡抚徐学聚檄吕宋，“数以擅杀之罪”而已，也就是派官员去象征性地斥责几句。乾隆五年（1740 年）荷兰人在爪哇岛屠杀汉人数万，消息传到国内，清廷称之“贪恋不归，自弃化外”，“按之国法，皆干严宪”，“实自作之孽”。相比之下，西方海外利益拓展伴随着整个资本主义兴起与发展，其观念截然不同。资本主义在西欧发源后，西欧国家国内的原材料供给以及有限的市场已经不能满足崛起的工商阶级，面向海外拓展商业空间是人心所向。1621 年，英国人托马斯·孟出版《英国得自对外贸易的财富》一书，系统思考英国海外利益范围和来源，使得海外开拓成为英国的战略选择。可以看到，封建帝制背景下的郑和下西洋是一个偶然和单薄的“项目”，一切都靠朝廷施与和皇上喜好，缺少一个强有力的工商阶级去推动相应的海外行动。西欧的海外利益拓展则是多种力量驱动，有独立于帝王之外的财经力量、技术力量和知识力量支撑，强盛的工商业阶层起了重要的推动作用。17 世纪欧洲出现的东印度公司就是由工商业阶层自发募资进行海外拓展的贸易公司，欧洲国家皇室则给予了政策支持。欧洲一度有 7 个国家都成立了自己的东印度公司，包括英国、荷兰、法国、丹麦、葡萄牙、瑞典和奥地利，这些东印度公司同时具备了商业、军事乃至文化输出的功用，成为欧洲海外利益拓展的“先驱”。

对中国而言，对“海外利益”的认知长期以来都极为模糊和陌生，真正现代意义上的“海外利益观”也就是近二三十年才逐步形成。明朝中后期闭关锁国后，中国统治者把海外当成是“威胁”而看不到“利益”。从鸦片战争到新中国成立的百余年间，中国连自保都成问题，更遑论海外利益拓展。从新中国成立到改革

< 英国东印度公司在印度代利杰里海港所设立的厂房

开放这段时间，我们对外工作的主要任务是维护主权领土安全、打破国际孤立、进行意识形态斗争，涉外利益主要体现在政治和安全层面，中国与外界的经济交往采取谨慎保守态度，人员和资金的进出少之又少，基本没有什么现代意义上的海外利益。中国真正现代意义的“海外利益观”是在改革开放之后形成与发展的。在 2001 年加入世界贸易组织，2013 年提出共建“一带一路”倡议等大事件后，中国社会对海外利益的认知也愈发深刻和成熟。

综上可见，“海外利益观”根植于历史发展阶段，更被客观物质条件所影响、塑造，如地理空间、国家实力地位、国际化程度等因素都会影响到一国的海外利益及其保护，从而塑造这个国家的“海外利益观”。在当代国际社会，任何国家寻求海外利益的过程都受到国际规范和秩序的约束，即便霸权国家也不能完全漠视，这使得各国“海外利益观”在道德标准与行为规范层面有更多的共识。

海外利益事关国家安全

在全球化时代，人员和经济交往空前密切，国内局势与国际形势相互影响、联动，海外利益对一国的稳定与发展起着愈发重要的作用，它既是发展问题也是安全问题，国家安全和海外利益的紧密程度前所未有。

要捋清海外利益和国家安全之间的关联，首先要对“海外利益”进行界定。然而国际社会对“海外利益”缺少专门以及清晰的概念认定，甚至莫衷一是，英国、美国、法国、日本这样的发达国家是海外利益拓展最成熟的国家，但翻阅这些国家的官方政策文件或学术研究文献，却极少发现“海外利益”一词，这有其深层次原因：一是西方海外利益的历史原罪性。西方海外利益拓展史就是一部充满原住民血和泪的殖民掠夺史，当下西方语境及文献材料中，“海外利益”表述大多是与殖民史相关联，因此现在的欧美国家不愿用“海外利益”来表述，避免让人联想起它们历史上丑陋野蛮的一面。二是不同国家对海外利益认定不尽相同。例如美国热衷于在全球推行美式民主价值观，视其为重要海外利益，但大多数国家并无兴趣在海外搞“意识形态改造”。又如土耳其把在海外推动“泛突厥主义”视为重要利益，并在 2021 年成立“突厥国家组织”，这在其他国家极为少见。除此之外，随着全球化和互联网发展，“国家利益”概念的内外边界日益模糊，很多利益是内外交织或合为一体，如产业链、移民等，一些国家不对利益进行“内”“外”之分，例如美国只界定国家利益，其理解的“海外利益”包含在国家利益之中。同样，在日语中没有“海外利益”一词，而是用“国益”（国家利益）来概括。

尽管国际社会对海外利益缺少清晰的概念及界定，但各国对海外利益的认知具有很多共识性的内容，比如海外的人、财、物等。21 世纪以来，中国“走出去”规模越来越大，现已稳居全球第一大贸易国，2020 年对外投资规模首次位居全球第一，有无数的国人、企业和资金散布海外。当前，中国政界、商界、学界对海外利益的关注度前所未有，讨论十分热烈。在此背景下，中国战略界及学界也对“海外利益”给出了各种各样的概念界定。基于这些共识和国内相关定义，海外利益大体上有狭义和广义之分。狭义的海外利益集中体现在“物质”层面，主要是指一国的公民、企业和机构在该国主权管辖范围之外的合法利益。广义的海外利益则包含了“物质”和“精神”两个层面，主要是指一国政府、企业、社会组织和公民在境外的合法利益，以及所有官方和民间所应公平获得的名誉、形象以及制度保障。

从国家安全角度看，当前世界主要大国的安全观都秉持“大安全”理念，中国也是如此。中国政府对国家安全的定义是：“国家政权、主权、统一和领土完整、人民福祉、经济社会可持续发展和国家其他重大利益相对处于没有危险和不受内外威胁的状态，以及保障持续安全状态的能力。”在上述定义下，“海外利益”涉及一国的公民安全、发展安全等诸多内容。由此可见，海外利益安全是国家安全的重要组成部分，是国家安全利益的海外延伸，甚至有学者提出“一个国家的安全边界，不是领土领海边界，而应该是利益边界”。纵观一些大国强国的战略文件和政策法规，它们都极为看重海外利益的国家安全属性。冷战后美国历任政府出台的《国家安全战略》报告都包含大量“海外利益”内容，部分海外利益还被认定为对美国国家安全有战略全局性影响，如境外反恐、战略通道控制、盟友安全、全球机制（金融、贸易、资源）等。法国在2013年的《国防与国家安全白皮书》中提出五大战略要点，第一点就涉及保护法国海外侨民安全。2016年法国参议院外交、国防和军队力量事务委员会出台报告，强调了国家安全及军事力量对海外利益保护的重要性，明确法国政府可采取军事安全行动保护境外受威胁的公民。近10年来，中国对海外利益安全高度重视，2015年颁布的《中华人民共和国国家安全法》有两处提到“海外利益”，其中第十八条提到要“开展国际军事安全合作，实施联合国维和、国际救援、海上护航和维护国家海外利益的军事行动”，第三十三条提到“国家依法采取必要措施，保护海外中国公民、组织和机构的安全和正当权益，保护国家的海外利益不受威胁和侵害”。

可见，世界主要大国的“国家安全观”与“海外利益观”是相互包容、相互联系的有机体，既突出海外利益的国家安全属性，又从国家安全高度来推动海外利益保护工作。而海外利益与国家安全之间的“链接”和“联动”集中体现在多个层面。

一是“人”的层面。海外利益保护的核心是保护海外公民，中国外交秉持“人民至上”理念，中国总体国家安全观则是“以人民安全为宗旨”。美国、法国、英国都把保护海外公民作为国家安全战略的首要任务之一，尤其是境外公民群体性死伤、群体性绑架等事件都会触响国家安全反应机制。在1972年“慕尼黑惨案”中，巴勒斯坦激进组织“黑色九月”袭击慕尼黑奥运村以色列选手驻地，最终导致11名以色列运动员身亡。事件过后，以色列发起了代号为“天谴”的报复行动，把国防部和摩萨德的力量全部调动起来，对“黑色九月”至少11名涉事人员进行追杀。以色列在境外的暗杀行动虽然引发国际争议，但体现了其对海外国民安全的高度重视，意在向外界表明海外公民生命权事关以色列国家安全红线，以色列甚至可以不计代价去维护。

美国作为世界头号强国，在海外公民安全问题上曾有过惨痛教训。1979 年，伊朗爆发伊斯兰革命，推翻了美国的“附庸”巴列维王朝。当年 11 月，一大批伊朗革命青年占领美国驻伊朗大使馆，要求美国遣返巴列维国王回到伊朗接受审判，并扣押了 52 名美国使馆工作人员，史称“德黑兰事件”。“德黑兰事件”直接冲击美国国内政局，引发美国举国震惊，这不仅是对美国全球威望的打击，也可能引发世界其他地区反美势力的效仿。时任美国总统卡特批准了代号为“鹰爪行动”的秘密营救任务，却以失败告终。政府保护海外公民的失责引发了全美的愤怒，卡特总统声望跌至谷底，并输掉了随后的总统大选，美国与伊朗成为世仇。

近年来，中国政府对海外公民安全问题高度重视，几次涉我的“大事件”让人记忆深刻。2011 年的“湄公河惨案”中，13 名中国船员在湄公河上被糯康的贩毒集团残忍杀害，“澜沧江—湄公河”一线是中国和周边国家的水上交通要道，人员来往密切，“湄公河惨案”是对我国家安全利益的严重挑衅，中国政府向老挝、缅甸和泰国三国派出工作组展开跨国调查，缉拿凶手。2012 年，糯康为首的犯罪团伙被缉拿回中国并接受审判，其中 4 人被判处死刑。为应对跨国水域“三不管”的局面，2013 年在中国的推动下成立中国—老挝—缅甸—泰国湄公河安全执法合作机制，至 2023 年 2 月，四方共开展联合巡逻执法行动 126 次，让湄公河成为“和平之河”。

同样在 2011 年，在所谓的“阿拉伯之春”席卷下北非国家利比亚爆发内战。利比亚是当时最富裕的非洲国家，大批中企和中国公民在该国营商。内战下，利比亚海陆空交通基本处于停摆状态，危难之际，中国政府决定动用一切力量撤侨。撤侨行动从 2011 年 2 月 22 日开始，中国政府在 12 天内出动包括 12 架次军机在内的共 138 架次包机，以及 1 艘海军护卫舰在内的 17 艘次轮船舰艇、100 多班次客车，租用了 35 架次外国包机和 11 艘次外籍邮轮，成功撤回 35860 位公民。这次撤侨行动动用了外交、军队、公安、安全、交通运输等多部门力量，体现了中国维护海外公民安全的国家意志。

二是“物”的层面。海外资源的供给问题直接影响到一国的发展安全。20 世纪 70 年代石油输出国组织为了反对西方国家支持以色列，对西方国家实施石油禁运，引发了西方国家的大面积经济衰退。据估计，美国 GDP 增速下降 4.7%，当时美国政府认为石油危机对国家安全的冲击甚至超过苏联的威胁。受百年变局和新冠疫情因素叠加影响，供应链安全问题备受关注，正常的经济全球化面临“断链脱钩”现实威胁，海外关键资源供给问题显得尤为突出。党的二十大报告在“推进国家安全体系和能力现代化，坚决维护国家安全和社会稳定”这一专章中，特别提到要“确保粮食、能源、重要产业链供应链安全”。

2021 年 9 月 5 日，西非小国几内亚发生军事政变，该国特种部队拘禁了 83 岁的几内亚总统阿尔法·孔戴，夺取几内亚政权。濒临大西洋的几内亚是全球主要铝土矿供应国之一，在政变发生后的第二天，伦敦金属交易所期铝价格每吨 2782 美元，创下 10 年来的高位。中国铝土矿的对外依赖度为 65%，而几内亚铝土矿进口量占到中国总进口量的一半。中国另外两大铝土矿来源地是澳大利亚和印尼，但澳大利亚和中国的双边关系波折不断，矿产合作也受冲击；印尼则为了提升出口附加值，出台铝土矿出口禁令。这种背景下，几内亚政变对中国发展安全的负面影响显得更为突出，政变后中国几大铝制品企业急忙压低产量，市场出现了恐慌情绪。

在新一轮能源革命和产业革命中，以钴、锂为代表的新能源金属成为全球产业竞争的关键，国际能源署预计到 2030 年钴将出现短缺。2021 年，美国白宫发布了《供应链百日审查报告》，指出“钴是美国供应链的最大弱点，而中国是这个弱点的根源”，报告认为中国对钴的控制对美国国家安全构成威胁，要求对中资参与的相关产业进行国家安全审查。中美两国的钴资源都极度缺乏，中国 99% 的钴原料靠进口，而刚果（金）是世界最大钴产地，占全球超过 70% 的市场份额。从 2008 年起，中国和刚果

（金）战略合作不断加强，中企在刚果（金）矿产领域由小做大、由弱到强，根据《纽约时报》报道，刚果（金）19 座钴矿中有 15 座由中企控股或参股。美国对此并不甘心，对中刚合作不断打压。2019 年，在美国威逼下，友华的刚果（金）总统约瑟夫·卡比拉交权下台。2020 年之后，美国又诱压刚果（金）政府对中企矿产合同进行审查。2021 年 11 月，曾三次获得普利策新闻奖的知名记者埃里克·利普顿捉刀撰写中国在刚果（金）钴矿开采的文章，并在《纽约时报》头版登出，引发国际舆论关注。在中美战略博弈背景下，在海外的关键资源争夺会成为两国较量的一个焦点，是事关“国运”的重大发展安全问题。

三是“通道”层面。这里的“通道”包括海陆的战略要道，如马六甲海峡、曼德海峡等，也包括战略要冲，如一些重要的城市、岛屿等。随着海外利益的不断扩展，战略通道的安全保障必不可少。中国战略界和媒体常提到的“马六甲困局”反映了国内对海上战略通道安全的高度重视。翻看强国的历史经验，战略通道的意义更能显现。威尼斯的衰弱与奥斯曼的崛起是密不可分的，两者并未进行战争，但是奥斯曼掐断了威尼斯的战略通道，导致严重依赖于外贸的威尼斯帝国衰弱，国家安全不复存在。在苏伊士运河开通前，南非的开普敦被认为是“通往印度的钥匙”，英国不惜和荷兰、法国开战，也要控制开普敦。英国的海外拓展史，也是其在世界各地攫取战略要地的过程。英国 1795 年从荷兰手中抢得好望角，1976年又从荷兰手中抢得锡兰，1800年至1814年从法国人手里接连抢得马耳他岛、伊奥尼亚群岛、毛里求斯、塞舌尔，皆是战略要地。大英帝国在19世纪中后期后，对海外领土扩张的意愿和能力下降，但确保英国海上通道不受侵犯始终是帝国政治家和英国海军的信条，正如英国海军部在1902年的一份备忘录中所强调的："控制海洋的重要性，在于它控制了海上交通。"

对海外战略要冲的控制是美国维系全球霸权的基础。印度洋上的迪戈加西亚军事基地被认为是美军"最重要且最神秘的海外资产之一"。在1965年，英国强迫毛里求斯割让迪戈加西亚群岛，并以此作为毛里求斯独立的条件。1966年，英国和美国达成协议，迪戈加西亚群岛被征收作为美军新基地，美英两国强制让迪戈加西亚岛原住民全部搬迁至1931多公里以外的塞舌尔和毛里求斯。2019年，联合国大会以116票对6票的压倒性票数通过决议，要求英国将迪戈加西亚群岛归还毛里求斯。然而，对该决议反对声最大的就是美国。从地缘上看，迪戈加西亚岛位于印度洋中部，正好位处非洲大陆、南亚次大陆、澳洲大陆和南极大陆的正中间位置。重型轰炸机从这里起飞，只需6个小时就能抵达海湾、南海和中亚等热点地区，如果与印度洋沿岸的舰队和基地相协调，可极大缩短军事力量的快速反应时间。此外，迪戈加西亚基地还扼守印度洋的海空交通要道，途经印度洋的最重要的 7 条海上航线均经过该岛附近，印度洋周边的曼德海峡、马六甲海峡和莫桑比克海峡等关键海峡也均在其战略辐射之下。如果没有迪戈加西亚军事基地，那美国在印度洋影响力将大打折扣，美国针对中国推动的“印太战略”也将受到阻碍。

在维护战略通道安全问题上，中国人最为熟悉的莫过于亚丁湾护航。亚丁湾作为全球重要的战略水道之一，是控制“地中海—印度洋”“非洲内陆—阿拉伯半岛”的要冲，也是中国“一带”和“一路”两线在亚洲和非洲的交汇口。2008 年左右，索马里海盗肆虐亚丁湾，大批中国商船及资源进口都受到极大威胁。2008 年 12 月，中国派出首批护航编队赴亚丁湾执行护航任务，2017 年中国解放军首个海外保障基地在吉布提正式启用，这都成为中国维护海外利益安全的里程碑事件。

四是“制度”层面。海外利益既体现在具体的“人”和“物”上，也可以以无形的方式存在，例如国际制度、规则、机制等。这种无形的海外利益重要性及对国家安全的影响并不亚于有形的海外利益。目前，国家海外利益拓展及维护之道发生巨变。从殖民时期到冷战时期，多是硬实力开道，甚至动用武力，而这种方式在当今世界已不合时宜，既有悖于国际道德，成本也较高。一国如果能够塑造乃至构建有利于自己的国际制度、国际体系，并且推动自己的价值理念为国际社会所接受，那将极大地拓展自身海外发展空间，这种无形资源将大幅降低维护海外利益

< 2021年，中国台湾的货柜轮『长赐号』堵塞苏伊士运河

所需成本。相反，如果缺少国际制度及规则的话语权，甚至相关制度或规则被敌对国掌控，那将对一国国家安全造成威胁。

2002年成立的国际刑事法院主要对针对犯有种族灭绝、战争罪、危害人类罪、侵略罪的个人进行起诉审判，欧洲国家是国际刑事法院主要发起者和支撑力量。欧洲认为国际刑事法院核心目的是“人道主义保护”，实际上欧洲也想在联合国安全理事会（以下简称“联合国安理会”）框架外设立一个“具有威慑力”的机制，借此提升国际权力。虽然美国、中国、俄罗斯都没有加入国际刑事法院，但并不影响它发挥作用。在国际刑事法院成立后，几乎所有的情势调查和审判都涉及发展中国家，尤其集中在非洲地区。至少5个非洲国家领导人被调查，包括对苏丹前总统巴希尔和利比亚前总统卡扎菲下达逮捕令，对科特迪瓦前总统巴博收监审查，对肯尼亚现任总统鲁托和前任总统肯雅塔立案调查。国际刑事法院逐渐沦为欧洲国家对外干涉的“法律武器”，这样的国际机制无疑提升了欧洲国家在海外影响力，但却严重侵害了一些小国弱国的国家安全。国际司法制度滥用威胁中国国家安全，2016年设在荷兰海牙的“南海仲裁法院”支持菲律宾在南海问题上针对中国提起的几乎所有诉讼，而这个“南海仲裁法院”就是少数西方国家、日本、菲律宾联合攒掇出的临时“草台班子”，想套用所谓“国际机制”的名义侵蚀中国核心利益。

在国际商业纠纷领域也是如此，国际商事仲裁是解决跨国纠纷的重要手段，国际商会仲裁院总部设在巴黎，其规则制度和核心位置基本被欧美国家主导，全球最热门的仲裁地也多是伦敦、巴黎、华盛顿、日内瓦等城市，其仲裁结果较多体现发达国家意志，甚至带有地缘政治色彩。在国际规则塑造上，西方政府、企业和非政府组织（NGO）很善于“齐心协力”，例如在资源开发领域，西方发达国家的企业和非政府组织研制出了一系列规制，西方政府把这些规制力推成为全球性制度，如“采掘业透明倡议”“安全与人权自愿原则”“跨国公司行为准则”等，这些规制在人权、环保、劳工等方面都采用西方发达国家的一套标准，对西方跨国公司极为有利，并且可打压其他国家竞争对手。相较于西方，在国际上的“建章立制”能力是中国海外利益维护的短板。虽然中国国力日渐强盛，但在国际制度规则领域，中国要么是一个规则遵从者，要么被污名化为规则破坏者，很少能成为一个真正的规则制定者，这对中国主动维护和塑造海外利益的能力建设提出了新的任务。

当前，世界大变局加速深刻演变，全球动荡源和风险点增多，对于中国来说，外部环境复杂严峻，海外利益之于国家安全的重要性日益上升，提升海外利益安全是维护国家安全的重要内容，国家安全能力提升也是维护海外利益的基本保障。

海外利益的张弛之道

当今世界，海外利益关乎国家发展和安全大局，海外利益本质上是国家利益的海外延伸，是国家战略利益的重要组成部分，国家的成长必然伴随着海外利益的延伸与拓展，拥有广泛的海外利益是世界强国的标志之一。从历史经验看，海外利益拓展及保护非常考验一个国家的战略谋划与政治智慧，它和一国国力形成相辅相成的关系，同时还要讲究策略和方式。

海外利益拓展是大国成长的核心要素，近代以来所有强国崛起进程都伴随着海外利益开拓，面向海外延伸发展空间，在全球进行资源配置。18 世纪中叶至 19 世纪中叶是英国海外利益拓展最快速的时期，一举奠定了“日不落帝国”的全球霸主地位，伦敦成为世界工业、贸易和金融中心。在 1860 年，英国达到帝国鼎盛期，全球三分之一的商船飘扬着米字旗，当时英国知名经济学家杰文斯描述道：“北美和俄国的平原是我们的玉米地，芝加哥和敖德萨是我们的粮仓，加拿大和波罗的海是我们的林场，澳大利亚、西亚有我们的牧羊地，阿根廷和北美的西部草原有我们的牛群，秘鲁运来它的白银，南非和澳大利亚的黄金则流到伦敦，印度人和中国人为我们种植茶叶，而我们的咖啡、甘蔗和香料种植园则遍及东西印度群岛。”二战后日本努力在海外开拓市场，凭借工业制成品出口一度成为“世界工厂”，国力跃居世界第二。同时，国力的强盛也为海外拓展奠定了基础。美国在两次世界大战后推出“马歇尔计划”，让西欧在政治上追随美国对抗苏联、经济上融入美国主导的全球资本主义体系。美国构筑的布雷顿森林体系奠定了以美元为中心的国际支付体系，美国成为国际金融主导者。美国在海外形成了一个“基地”帝国，据统计，美国在海外大大小小的军事基地有 800 多个，其他国家的海外军事基地总和只有 30 个，美军基地还管辖着 170 座高尔夫球场，这些基地成为美国维系霸权和海外利益安全的保障。中国的历史经验也见证了海外利益拓展的重要性，清政府时期长期闭关锁国曾使近代中国失去了历史性机遇，国力一落千丈，可谓“禁的是国门，断的是国运”。新中国成立后，1978 年改革开放、2001 年中国加入世界贸易组织、2013 年提出共建“一带一路”倡议等一系列举措，彰显了中国海外利益飞速拓展，中国国力飞速增长。

然而，海外利益拓展需要和国力相辅相成，海外利益拓展不仅需要成本和时间，而且面临很多自身难以把控的风险，并不是越多越好、越快越好，对“度”的掌握十分重要，需要考虑成本和收益之比、风险和收益之比。从大国兴衰经验看，海外过度延伸经常导致命运的转折。著名史学家爱德华·吉本在其《罗马帝国衰亡史》中就讨论了“过度延伸”的问题，他认为一味地海外扩张，最后必定导致中央政权鞭长莫及和尾大不掉的统治失效，而罗马帝国盛衰史也证明，兴于扩张，衰也于扩张。

1823 年，英国东印度公司在给新总督发出的指令中明确表示:“进一步获得领土不是我们所想要的，超越你不得不管理的帝国范围不仅是不明智的，而且是不安全的。”尽管当今海外拓展不可能像殖民主义时期那样搞领土扩张，但有些内在道理是相通的。1899 年，是英国霸权由盛转衰的重要节点，当时大英帝国的海外版图已经达到一个空前规模，然而英国为了和南非布尔人（南非的荷兰裔白人）争夺当时世界上新发现的最大金矿——“兰德金矿”爆发第二次布尔战争，英国付出了 20 亿英镑，2.2 万人死亡的代价，大英帝国霸权和声望受到极大震动，直接导致了英国海外扩张阶段的终结。

> 1899 年第二次布尔战争爆发

德国的历史命运也和海外拓展紧密相关，“铁血宰相”俾斯麦确立了德意志在欧洲的强国地位后，在对外拓展问题上采取稳妥谨慎政策，一再坚称德国已经“饱和”，渴望维持欧洲现状且对海外领土没有热情，俾斯麦展现出的冷静在那个“帝国主义时代”难能可贵。然而德国国力的强盛催发了政客和民众的“帝国狂热”，德皇威廉二世热衷于推行“世界政策”，要在“旧欧洲狭窄的边界之外完成重要任务”，并且命令“老朽”“保守”的俾斯麦辞职。之后的历史也证明，德国在海外的战略冒进让自身陷入了地缘冲突泥潭，并且造成了一战与二战的历史悲剧。当下，各国海外利益拓展的形式尽管已经发生巨大变化，但更需要权衡其中的利弊得失。例如在对外投资领域涉及一些大型项目，往往是投入大、周期长、敏感性强，既要有资金投入又要有外交投入，既要考虑市场因素更要考虑政治因素，如项目所在国的政局、政策、民意以及外部势力干预等，稍有不慎，极易导致风险与收益失衡的现象。同时，对外投资力度加大以及企业国际化程度升高，国际产业转移和国内产业结构升级必然会发生。美国、日本等发达国家在此过程中出现了产业空心化问题，经济“由实转虚”，给产业链安全埋下隐患。总之，海外利益拓展需要基于客观现实，不能贪大求全，在条件还不具备时，过度扩张可能引发战略透支或战略冒进，“风物长宜放眼量”。

海外利益的拓展方式及目标定位也可能成为影响大国成败的

关键因素。每个国家对海外利益的目标定位是不同的，各国对海外利益共识性的认知是海外的人、财、物，然而一些大国会把地缘政治利益和海外利益相混杂，甚至把地缘政治诉求作为海外利益拓展的主要目的，从而导致国家追求海外利益的方式发生改变。勃列日涅夫统治中期苏联的国力达到鼎盛，但是其执政时期也是苏联由盛转衰的一个关键性转折时期。[1]这一时期，苏联加大了对第三世界的扩张、渗透和争夺，其主要目标是为苏联的全球霸权战略服务。这既损伤了苏联的硬实力，也损坏了社会主义“老大哥”的形象，降低了苏联的国际影响，损害了其软实力，为苏联的日后衰落直至解体埋下了伏笔。[2]

就中国而言，海外利益拓展不是为了和其他国家争夺势力范围，也不是致力于拓展地缘政治经济空间，而是要保证国力持续稳定发展，满足人民群众对美好生活的需要，在人类命运共同体理念指引下推动形成一个和谐、公正的国际社会。对海外利益的目标定位决定了中国的行为方式，不会采取“黩武”“干涉”“零和博弈”的方式去获取利益，而是倾向于采取协商谈判、法律契

1 左凤荣：《勃列日涅夫维护稳定举措分析》，中共中央党史和文献研究院网，2014 年 8 月 11 日，https://www.dswxyjy.org.cn/n1/2019/0617/c427165-31161773.html。

2 张英姣、孙启军：《论苏联勃列日涅夫时期对第三世界扩张的后果》，中共中央党史和文献研究院网，2010 年 10 月 11 日，https://www.dswxyjy.org.cn/n1/2019/0617/c427165-31157946.html。

约以及国际机制等方式。2023年，共建“一带一路”倡议提出10周年之际，中国已经与150多个国家和30多个国际组织签署200余份共建“一带一路”合作文件，这也说明中国海外利益发展方式及目标定位得到了国际上大多数国家的普遍认可。

同样，海外利益保护也是一门战略管控的“艺术”，对原则和分寸的把握十分重要，不仅要避免“保护不力”，也要防止“过度保护”。海外利益保护能力是综合国力的体现，在政治、经济、军事、安全上的影响力越强，就越能够调动资源来维护海外利益。然而实践证明，并不是实力越强大的国家的公民及企业在海外的“安全感”就会越强，保护的能力并不能和保护的效果划等号。海外利益保护是一个多维度的工作，既要有战略性的体系规划，也要注重策略性的方式方法。

一是海外利益保护工作需要高效完善的机制及组织建设。海外利益保护工作的涉及面广泛，需要外交、商务、军队、安全等多部门协作，政府的顶层设计尤为重要。在世界主要大国最重要的安全机制中，海外利益安全都被列为重点，例如美国国家安全委员会、俄罗斯联邦安全委员会、日本国家安全保障会议等。这些机构直接听命于国家元首，成员基本是由各重要部门的“一把手”组成，在涉及重大海外安全事务时，可以协同发力，高效执行。2013年11月党的十八届三中全会决定成立中国共产党中央国家安全委员会。海外利益保护经验相对丰富的发达国家在相关机制上的另一个特点就是功能完善。美国专门设有海外安全顾问委员会为海外企业、人员提供安全服务，美国商务部设立了海外维权中心，美国政府还设有“人质事务”总统特使一职，基本上在海外碰到的任何问题都有相关的应对机制。

二是海外利益保护工作需要“刚柔并济”。“为国不可生事，亦不可畏事。”当前，海外利益保护工作面临越来越多的非传统安全威胁，例如反政府武装、有组织犯罪集团、恐怖组织、地方民兵、海盗等，这些组织通常活跃在一些脆弱国家，当地政府安全维稳能力较差，如果没有一定的外力介入，这些组织就会肆无忌惮。例如 2008 年左右的索马里海盗严重威胁国际航运，最终是靠多国军舰护航才恢复了亚丁湾的平静。有些国家的有组织犯罪猖獗，专门绑架勒索外国人以获取高额赎金。如果被勒索者是抱着“大事化小，小事化了”的心态，直接给赎金换人，无疑将滋长犯罪集团的气焰。美国、俄罗斯、法国都不鼓励支付赎金行为，即便是在极端情况下为保护人质安全支付了赎金，之后也会对犯罪分子开展全方位的跟踪打击，以儆效尤。

海外利益保护需要“立威”，但在政策执行层面更要慎重。对于一些强国尤其是霸权国家来说“手里拿着锤子，看什么都像钉子”，总是倾向于用强硬的方式来保护海外利益，甚至滥用武力，那最终可能反噬自己，这是强国经常犯下的战略性错误。随着中国海外利益的扩大，国内也出现了要在海外“持剑营商”的声音，这种思维依旧是照搬西方的安全逻辑，西方“用强”“黩武”的安全逻辑可能在某个节点能够取得一定短期成效，但长期看却经常容易形成更大“安全困境”。美国在海外的“拳头”不可谓不硬，但美国公民在多个国家却成为恐袭的主要对象，陷入“越反越恐”的境地。法国热衷于在非洲动用武力来维护其利益，然而在非洲的法国人却经常成为各种势力攻击的对象。

在海外利益保护中，“柔性”权力或方式时常会发挥更加有效的作用。例如做好对象国的“人脉工程”是海外利益保护工作最为有效的方式之一。在绝大多数国家，外国公民和外企的安全保护工作主要还是依靠当地的强力部门，例如军队、警察及其他安全力量等，和相关国家强力部门展开密切合作并给予一定的资金装备援助，往往能有效强化这些部门的“主动服务”意识。南非约翰内斯堡治安问题一直较为严重，中国驻南非大使馆组织当地的中国商会侨团积极和南非警察部门联系，成立“南非警民中心”，并出资给予警察部门一定的资金支持，而当地警察在中国人密集的地区加强巡逻，并及时进行风险预警和案件处置，这种合作模式为当地中国人提供了重要安全保障。

海外利益保护工作的另一经验就是构筑“利益共同体”。在很多对外投资的实践案例中，投资项目经常遇到的风险就是政局以及政策变动，其根本原因在于各方对利益分配的分歧，未能形成“共享型”的利益模式，而合资项目的安全系数普遍要高于独资项目，项目如能和东道国利益深度捆绑以形成“一荣俱荣，一损俱损”的格局，安全系数则会更高。此外，国际性合作是规避海外风险的重要方式，尤其是两个大国在第三国合作往往能发挥 1+1>2 的效果，既可降低竞争烈度，又能发挥各自优势，实现风险共担。

三是海外利益保护工作需要讲原则、划界限。海外利益保护工作追求的目标是国家利益发展到哪里，海外利益保护工作就要跟进到哪里，但这并非意味着海外利益保护工作不设禁区。“合法性”是海外利益保护的第一原则，这里的“法”主要是指国际法和东道国法律。海外利益保护直接涉及对象国的主权问题，敏感性极强，这也是海外利益保护工作的难点之一。如果处理不好时常会遭到新殖民主义者与大国沙文主义者的指责。一些企业和公民的海外行为游走于东道国法律的“灰色地带”，甚至有违法情况，海外利益保护工作要把握好原则和分寸。

2013 年 6 月，在非洲国家加纳的中国公民通过互联网向国内发出求救，称加纳军警羁押大批中国人，严打当地中企，损毁中企设备，有的中国人甚至躲藏在森林里，以野果充饥。一时间引得国内网民义愤填膺，要求中国政府立刻采取措施。然而，这并非事情的全貌。被羁押的中国人均是在加纳从事“非法采金”工作，且其中大多数属于非法入境、非法居留、非法工作的“三非人员”，非法采金也造成了当地严重的自然生态破坏。毫无疑问，对于这些违反当地法律的行为，中国政府是不能予以保护的，只能要求东道国政府文明执法，保障中方采金人员合法权益，如人身安全和通行便利。2021 年 9 月，在刚果（金）非法采矿的 6 家中企被中止业务，并被驱逐。中国外交部非洲司明确表示绝不允许在非洲的中企违反当地法律，支持当地政府依法打击非法经济活动。

此外，任何一个国家无论国力多么雄厚，其海外利益保护能力及资源都是有限的。对于不同的海外风险，保护方式和资源投入要有所区分。通常，动用军舰、飞机大规模撤侨只应在极端情况下使用，如东道国突发内战，大批海外人员安全受严重威胁。中国 2011 年在利比亚以及 2015 年在也门的撤侨行动就属于这种情况。企业海外运营遇到商业纠纷或是治安事件，主要还是依赖法律维权的方式，但如果某国滥用国家力量对另外一国企业进行制裁打压，那么国家外交与安全力量就必须介入，如美国政府为打压华为公司滥用“长臂管辖”引发“孟晚舟事件”，中国政府就开展了全力回击。随着信息化的普及，多数国家均会发布风险预警提示，告知公民需要避免前往的国家和地区。2022 年中国政府对全球旅行安全风险进行了年度等级评估，分为红色、橙色、黄色、蓝色 4 类，红色地区是明确不允许公民前往的地区。在 2017 年 11 月，巴厘岛火山爆发，大批中国公民滞留，然而在同年 9 月、10 月和 11 月，中国驻当地使领馆连发 18 次火山风险提示后，仍有中国旅客执意前往。叙利亚自内战以来一直是高风险国家，但有中国旅行社不顾政府告诫，组团赴叙利亚搞摄影游。企业和个人安全意识的淡薄会极大损耗国家海外利益保护的精力与资源。

一些西方国家在海外利益保护问题上通常采取“契约式救助”，即区分政府和公民的职责，通常情况下政府的职责是风险预警、领事保护、信息支持等，其他则由公民自行负责。2015年3月，沙特阿拉伯联合多个阿拉伯国家对也门展开军事行动，也门内战全面升级，包括中国在内的一些国家展开撤侨行动，但美国却拒绝实施撤侨行动。美国政府认为，其从2014年中旬就不断向在也门的美国公民发出安全警告，要求其尽快撤离，并提供商业性协助，因此认为已经尽到义务。

四是海外利益保护工作需要多元性力量的加入。政府作为海外利益保护工作的重要力量，其主要功能是宏观指导、机制建设、外交磋商以及特殊情况下军事安全力量的投放。政府不能做到大包大揽，在有些海外利益保护问题上，政府力量也未必能发挥最佳效果。社会性力量通常是海外利益保护工作的重要组成部分，是政府力量的重要补充。很多非政府组织在树立本国形象、服务海外本国企业与侨胞、开展人道主义救援、保护环境等方面同样能发挥关键作用。非政府组织通常深入当地社会，其“草根性”特点容易被当地民众所接受，并且能及时获取资讯。在一些南亚、非洲和中东国家，其社会权力结构通常是官方势力与传统势力的结合，相比政府机构，非政府组织同传统势力中的社区领袖、宗教领袖、部族领袖进行沟通更加便捷有效。一些国际性非政府组织在海外利益保护工作中更具有独特优势，例如国际红十字会、无国界医生、乐施会等，这些非政府组织作为国际性救援机构由于采取“中立原则”，即不会对战乱冲突动因的“是非问题”作任何评价，因此通常会得到冲突双方认可，可以进入危险区执行解救任务。国际红十字会就曾在中国的海外人质解救工作中发挥过重要作用。对于中国来说，海外的非政府组织建设难以和西方相媲美，但随着共建“一带一路”深入推进，海外中企的力量日益强大，这也成为中国海外利益保护的重要资源。在很多国家，海外中企的渠道优势明显，可以“通天”，即与东道国政府高层有着良好联系；又可“立地”，即对社会中底层情况也了解颇多。因此，海外商会侨团在中国海外利益保护工作中可发挥独特优势，可成为安全信息汇聚的平台，又可抱团取暖来维护合法权益，一些商会侨团自发组织“联防联控”机制效果显著。

海外利益拓展及保护是一个多维度的系统工程，必须和一国国力相辅相成，共同推进。海外利益的拓展讲究的是“张弛有度”，要分清轻重缓急；海外利益保护则需要“刚柔并济”，做到官民协同、官企协同。对于中国来说，在海外利益问题上需要汲取各国的经验及教训，强化制度保障，统筹发展与安全，使中国的海外利益做大做强、行稳致远。

参 考 文 献

1 [日]羽田正著，毕世鸿、李艳秋译：《东印度公司与亚洲之海》，北京日报出版社 2019 年版。

2 [英]保罗·肯尼迪著，王保存等译：《大国的兴衰：1500—2000 年的经济变革与军事冲突》，中信出版社 2013 年版。

3 钱乘旦主编：《英帝国史》（第五卷），江苏人民出版社 2019 年版。

4 钱乘旦主编：《英帝国史》（第七卷），江苏人民出版社 2019 年版。

5 于军、程春华：《中国的海外利益》，人民出版社 2015 年版。

2

第二章

美国：霸权开路 以霸谋安

在世界现代化的历史中，美国并不是最早一批开拓海外利益的国家，但却是时至今日拥有海外利益最为广泛，也尤为擅长利用各种手段维护海外利益的超级大国。美国那些日进斗金的跨国公司、隐秘行动的特种部队、遍布全球的军事基地，往往是人们谈及“海外利益”时率先映入脑海的典型形象。

美国的海外利益与“霸权”二字分不开。事实上，如果抛开广布于国境之外的利益存在和力量存在，美国就难再称得上“霸权”，也不会是一个超级大国。因而在某种程度上，美国对海外利益安全的维护，就是在确保自身的“霸权安全”。建国之初，刚脱离英国殖民统治不久的美国尽管国土面积有限，但其政治精英已在系统谋划如何把国家利益由狭小的北美十三殖民地拓展到更为广阔的北美大陆西部。此后，经历一战、二战、冷战等重要事件后，美国的国力不断增长，海外利益也不断扩张，维护海外利益的手段和资源也更加丰富。特别是二战结束后，美国决定通过推广“自由国际秩序”同苏联争夺全球主导地位，利用手中优势对外构筑一整套旨在掌控全球经济运行的国际经济金融机制，加强海外人员安保和资产安保的专门立法，利用非政府组织在他国开展渗透和颠覆活动，并在特殊情况下动用军事力量、情报力量实施海外隐蔽行动，全面构建起海外利益安全防护体系。冷战结束后，美国成为全球唯一霸权国，其主导推进经济全球化的步伐更快，但海外利益安全遭遇的威胁也更加多元。21 世纪初，国际恐怖主义问题凸显一度给美国维护海外利益安全造成很大困扰。时至今日，美国对于海外安保的投入依然巨大。面对人员、财富、产品的海量跨境流动，海外利益可谓美国无法割舍的“霸权命脉”。

美国不惜动用包括武力在内的一切手段维护海外利

益安全。这种“无所不用其极”的安保做法所带来的影响是复杂的：一方面，这种系统化的防护具有全面性，使得美国能够较好应对复杂多变的安全威胁；另一方面，美国在维护自身利益时通常难以摆脱“美国优先”的偏见思维，不惜牺牲其他国家利益来一味追求所谓“绝对安全”，反而加剧了自身的不安全感。时下，对于利用霸权工具维护海外利益的过分迷恋，已经影响到美国发展和安全战略的平衡性。美国试图“以霸谋安”，为海外利益带来360度防护，却又为霸权所累陷入“安全困境”。其个中得失，令后来者不可不察、不可不思。

“美国优先”服务霸权

作为世界头号强国，美国的人员、资产、军事力量乃至文化影响力等“软因素”在全球范围内分布广度和影响深度都远远超过其他国家。在长期的国家发展和国际影响力建构过程中，美国基于维护全球霸权的根本需要形成了一套对海外利益的独特认知，这些认知也随着时代环境的变化而不断演变。

马克思主义观点认为，社会存在决定社会意识。一国对于海外利益的认知和观念的形成，根本上由其海外利益产生和发展的客观轨迹所决定，美国亦不例外。准确认识美国“海外利益观”的特点，首先离不开对美国海外利益产生和发展历史的回顾与考察。

在美国的战略语境中，比“海外利益”更常用的概念是“在国境之外的国家利益”。从这个概念出发，美国将自身国家利益延伸到国境之外的历程，也即是其海外利益形成的过程。建国200余年以来，从北美十三殖民地发展到国土面积900多万平方公里、经贸利益和军事存在遍布全球的超级大国，美国的利益边界伴随其国家领土和势力范围的增长不断向外部世界延伸，霸权扩张与海外利益拓展紧密结合，直至形成一种海外利益无时不有、无处不在、无远弗届的国家利益态势。

从美国建国初期到19世纪末，是美国国家建设的起步和发展阶段，也是其海外利益的萌芽和兴起阶段。建国伊始，北美十三殖民地刚刚脱离英国殖民统治而获得独立，维护初生国家的安全与繁荣是当时美国建国者的首要考量。其时，美国还没有突出的力量投射能力和权力博弈资源，海外利益主要表现为同欧洲大陆的贸易往来。18世纪末至19世纪初期正值欧洲内部相互战争倾轧的高潮，美国为了尽可能保证海外经贸利益的稳固，选择奉行孤立主义外交政策，以政治中立的姿态换取贸易联系的维持。美国第一任总统华盛顿在其总统任期结束后的告别演说中申明:“在扩大我们贸易关系的同时，美国应该尽量少同外国发生政治上的牵连。”1800年，当选美国总统的杰斐逊在就职演说中也提出“同所有地方贸易，但不同任何人结盟”的外交方略。

不过，彼时美国对欧洲事务的相对超脱不代表其对自身所处的美洲大陆也无所诉求。某种意义上，建国初期美国在北美大陆上自东向西的扩张进程，就是其拓展海外利益的最初行动。这场被历史研究者称为“西进运动”的疆界扩张运动，使得美国国土面积在建国之初仅有的东海岸原殖民地基础上扩大10余倍。美国国务院所办网站“Share America”在介绍这段历史时这样谈道:“伴随着疆界的不断扩大，大量白人移民也涌入中西部，到处筑路修桥、开荒种植、放牧耕养，将荒山野岭变成万亩良田及优质牧场，在那里安家立业，建造了大大小小的城镇，使中西部成为美国的腹地、粮仓及牧业基地，为美国的国力扩张及强盛打下了基础。”对于彼时的美国而言，相对于最初狭小的东海岸殖民地，广袤辽阔而未被充分探索的北美西部土地在某种程度上就是“海外”，这种领土扩张带来的利益扩张，可谓美国日后不断将海外利益扩展至美洲大陆乃至全球的序曲。1823 年 12 月，时任美国总统詹姆斯·门罗又提出欧洲国家不能再染指美洲。美国这一把对美洲的殖民企图视为“安全威胁”等要点的政策论述，被后人总结为“门罗主义”。这一旨在将其他势力排除在美洲范

< 美国拓荒者乘坐大篷车穿越平原

围之外的政策宣示，成为美国日后将拉丁美洲作为在北美本土之外扩张海外利益“第一站”的先声。

19 世纪 60 年代，随着北方工商业资产阶级在南北战争中打败南方种植园主赢得国家主导权，度过国家分裂危机的美国开始进入资本主义高速发展的“镀金时代”。19 世纪末 20 世纪初，美国资本主义经济已高度发达，海外扩张步伐进一步加快，对海外利益的认知也更加清晰和深化。尤其是通过战胜西班牙这一老牌殖民国家，美国的战略精英将海外利益拓展的重点向南延伸至拉丁美洲，向西延伸至宽阔的太平洋。这一海外利益拓展的过程，与美国霸权在本土之外的延伸是一体两面。正如巴西历史学者路易斯·阿尔贝托·莫尼斯·班代拉所指出的：“美国的工业增长使征服海外市场不仅成为一种可能，还成为一种需要，人们已深切地感受到了这一点。”

一战爆发，美国在战争后期参战，更加希望在全球范围内建立其霸权地位，同时也开始着眼构建全球性海外利益网络。时任美国总统柯立芝曾于 1927 年公开宣称：“任何一个（美国）公民在海外的财产和生命都是国家财富的一部分……无论他去任何地方，政府的责任都必须跟随着他。”在此阶段，拉丁美洲和亚洲的贸易增长十分突出；到 1929 年，拉丁美洲和亚洲加起来为美国提供了 44% 的进口品，同时占据美国直接投资额的 38%。

1945 年，二战结束，美国作为战后世界头号强国的地位得到确立；几乎同时，美苏冷战成为二战后国际政治的主线。此时，美国开始真正构筑以自身为核心的全球霸权体系，其海外利益也步入全球扩张的快车道。在自由主义国际战略的指导下，美国一方面以对抗苏联威胁为由将海外驻军扩展到全球各地，加强对海外利益的全方位守护，另一方面积极构建“美国中心”的国际经济金融体系，制定有利于美国的国际经贸规则，通过掌握议程设置权、规则主导权来保证海外利益安全。

20 世纪 80 年代末至 90 年代初，伴随东欧剧变、苏联解体，美国赢得冷战胜利后，运用霸权优势维护海外利益也更加露骨、更加高调。无论是对中东国家实施所谓“民主化改造”，还是借助大型跨国公司推动海外业务扩张收割全球红利，美国海外利益扩张大大加速。借助现代信息技术和交通技术的发展，美国垄断金融资本在冷战后向以往难以深入的原苏联地区及其控制地带大幅推进，美国在“新自由主义”的名义下将海外利益拓展至全球各处。时至今日，美国依然是世界头号经济强国，海外军事基地和盟友伙伴遍布全球，能够对海外利益实施“全天候防护”。

经过本土扩张、一战、二战、冷战及反恐战争，尽管国际安全环境不断变化，但是美国始终将“确保美国人的安全”作为其首要的海外利益关切。这种“美国优先”的“海外利益观”的主要特点体现在三个方面。

第一，将本国公民人身安全和海外经济利益保障视为根本。

同世界大多数国家一样，美国将自身“人”和“财”的安全视为国家利益的根本。根据《2022年国家安全战略》等美国重要战略文件可知，保护本国民众的安全和促进国家繁荣被列为美国最主要的国家利益。

一方面，公民的人身安全是各国维护海外安全的普遍关注，但拥有霸权地位的美国对此解读更进一步，其希望美国民众能够在霸权力量的护卫下，达到“在海外的受保护程度能与之在国境内的受保护程度相当”。2001年4月，美国众议院政府改革委员会下属国家安全、退伍军人事务和国际关系小组委员会举行“保护美国海外利益：美国公民、商业和非政府组织”专题听证会。时任兰德公司副总裁布鲁斯·霍夫曼等专家在此次会议上指出，冷战结束后全球安全威胁多元化趋势愈发明显，恐怖主义威胁尤其上升；面对严峻的安全形势，普通民众即便是在出国旅游、安排度假时，也不禁要扪心自问自己会不会在目的国乘坐地铁时突然遭遇恐袭这样的极端事件。对外部安全环境的敏感和拥有霸权优势的心理优越，让美国对海外公民安全的保护极为在意。

另一方面，美国将海外经济利益视为国家利益排序中的优先项。作为霸权国，美国将国内经济繁荣同全球经济霸权视为一体两面的共生关系。二战后，美国经济的全球领先地位高度凸显，决心创建一个更加便于商品和资本跨国流动的“自由国际体系”，自己则在这个体系中扮演核心角色。2000年，美国国家利益委员会发布《美国国家利益》报告，该报告将“防止美国海外资产被‘国有化’”“利用国际贸易投资将美国国民生产总值最大化”等列为“重要国家利益”，足见美国对海外经济利益的高度重视。

第二，强调在全球推进美式价值观和“民主制度”是美国特殊而重要的海外利益。与其他国家相比，美国“海外利益观”的突出特点之一就在于其将意识形态扩张视为特别重要的海外利益。在美国各类战略文件中，涉及意识形态的国家利益通常被表述为“捍卫美国的生活方式和核心价值观”。从字面上理解，美国这种对“价值观安全”的强调似乎主要针对的是其国内民众。然而，长期奉行海外扩张的美国对此的解释显然不止于此。

早在 19 世纪，美国一批资产阶级宣传家就抛出了所谓“昭昭天命”论，声称当时美国在北美大陆上的扩张是“奉上帝的旨意”，将“自由”带向更广大的地区；进入 20 世纪，随着美国开始走出美洲向全球扩张，其又宣扬将以美式价值观为内核的“道德力量”注入国际关系。在获取全球霸权的过程中，美国得出一个重要结论：要想实现海外利益的“永续”，不仅要从物质上对目标地区的资源加以控制，还要从制度框架和意识形态上对其施加深层影响，使之“安全”地被美国掌控。冷战结束后，美国历任总统基本都将在全球范围内推进美式价值观作为战略优先事项。当然，在推进“自由民主”的面目之下，美国往往藏有更深的战略目的。当 21 世纪初期小布什政府打着“推翻暴政”“民主改造”等口号发动伊拉克战争时，就有学者指出“小布什政府的目的是重新确定中东战略蓝图，包括控制伊拉克石油，防止石油输出国组织在交易中弃用美元标准而改用欧元标准”。

第三，认为海外利益安全同美国本土安全息息相关。冷战结束后，美国实现新一轮势力扩张，并主导全球化进程。在这一过程中，美国认为海外利益不仅是国家发展利益的延伸，还关乎美国国境之内的安全境况。2001年“9·11”事件让恐怖主义威胁迅速上升为美国头号安全关注，美国战略界、政策界更加坚定地认为“维护国土安全是一项全球性任务”。美国学者明确提出：“技术进步和全球化的推进加速了跨国事件影响美国本土安全的程度……要实现令人满意的本土安全状态，需要跨国性的行动。”美国战略人士认为，随着全球物流贸易的大幅发展，一些承担海外利益传输的载体有可能成为威胁的来源。例如，运输于大洋之上的集装箱可能藏有危险品，如果这些集装箱被视为一般商货运入美国境内，则会构成本土安全威胁。正因如此，美国海关部门于2002年1月提出“集装箱安全”倡议。根据这一倡议，集装箱运往美国之前，需要通过风险分析锁定高风险货物集装箱，并由出口国海关进行查验，经过查验的集装箱在抵达美国时可享受快速放行待遇。此外，美国十分重视本国公民在美国本土以外“遭到侵害”的情况，美国相关部门将这此类情况视同为本土安全受到威胁。为应对这一情况，美国司法部专门设有“犯罪受害人办公室”，为在其他国家和地区遭受此类困扰的美国公民提供帮助。

多样手法全面维护

为保护海外利益，美国政府各部门齐上阵、国内国外两手抓，一边精于“防守”，构筑整套海外利益安保制度体系，就如何保护公民生命财产安全、促进经济利益、保障国家安全等作出明确规定，牢牢占据法理优势；一边巧于“进攻”，主动塑造于己有利的国际规则秩序，确保拥有海外利益保障的“最高发言权”和“最终解释权”。这套攻守兼备，带有强烈霸权色彩的海外利益安保做法，是美国长期确立全球力量优势和利益存在的关键凭借。

一是法规手段。美国针对海外利益安保设有系统完备的法律制度，这套法律制度对其海外公民的人身财产安全、海外经济利益、安全利益的保护作用突出。《美国法典》对美国政府如何保护海外公民安全进行了详细规定，如第 22 卷第 71.1 条“保护海外美国公民”称“外交官员和领事官员应按照国务院法规规章对海外公民进行保护”；第 1731 条“保护海外归化美国公民”要求政府对归化公民和“基于出生取得美国国籍的公民”一视同仁，对其人身和财产提供等同的保护和协助；第 2671 条第（b）款“海外公民撤离”提出“外交官及其家属、私人企业及其员工在人身安全受到战争、局势动荡、自然灾害等威胁”时，美国政府需将其撤离；此外，该法典还就如何保护遭逮捕、暴力犯罪等其他突发事件的海外公民作出规定。

在经济利益保护层面，美国通过制定系列贸易与金融法规推进其海外经济利益发展。例如，《1962 年贸易扩展法》是二战后美国为适应国际经济发展形势和冷战需要制定的新法，旨在促进美国贸易出口并扩大国外市场份额，领导创造“自由世界的互惠贸易安排”，并阻止共产主义的经济渗透。该法规定总统有权对美国和欧共体之间的产品出口削减 100% 的关税，提出取消繁琐耗时的逐项谈判法、采取新的线性谈判法，这有助于削减美国与西方盟国之间的关税壁垒，更简单高效地达成有利于维护其经济利益的一揽子协议。

在安全利益保护层面，美国同样打造了较为完备的法律工具箱。如《1951 年共同安全法》规定，为维护国家安全、促进对外政策的实现，美国将对友好国家提供军事、经济和技术援助，以加强自由世界的共同安全及单独和集体防务；美国还将基于自身民族利益与受援国的安全独立开发受援国资源，并促其更积极地融入联合国的集体安全体系。

在“有法可依”后，美国还建立了一系列维护其海外利益的体制机制，比较典型的是领事保护制度与海外投资保险制度。所谓领事保护，即派遣国的外交领事机关或领事官员，依据国际法原则、有关国际公约、双边条约协定以及派遣国与驻在国有关法律，在驻在国保护本国国家利益、公民和法人的合法权益。美国有一整套专职提供领事保护、层级分工明确的机构：国务院下设领事局，负责保护海外公民；领事局下设海外公民服务处，承担提供领事保护和领事服务、联络海外公民和领事馆等相关工作；海外公民服务处下设公民服务与危机管理办公室、儿童事务办公室和政策审查与机构联络办公室等职能办公室，负责协助与处理紧急事务、打击国际性儿童拐卖与制定相关政策等。此外，美国国务院外交安全局设有海外安全顾问委员会，旨在为海外美国企业提供最新的安全信息和风险预警；国土安全部、中央情报局和联邦调查局等安全情报部门也参与到保护海外公民的实际行动中。海外公民登记与领事信息发布等具体机制确保美国公民在海外处于美国政府的关注与庇护之下。实际上，美国早在 1880 年就对海外公民登记作出了相关规定。近年来，美国国务院推出“智能旅行者登记计划”，海外公民可通过该系统向政府上报海外旅行路线、国外住所和紧急联络方式等，这些信息会自动进入国务院领事综合数据库；同时该系统也向海外公民提供及时、多元、畅通的领事信息，包括安全威胁预警信息等。海外投资保险制度起源于美国在冷战期间为援助欧洲推出的“马歇尔计划”。

到 20 世纪 60 年代，美国相继设立国际开发署、海外私人投资公司等专门机构，作为管理美国私人海外投资的专门部门。

如果说上述法律制度着力于在危机未发生之前进行未雨绸缪的准备，那么一国政府在关键时刻的所作所为才更显其捍卫海外利益的能力。第 85 届奥斯卡金像奖最佳影片《逃离德黑兰》讲述了一个惊心动魄的人质解救故事，这是根据伊朗人质危机这一真实事件改编而成的。1979 年伊斯兰革命后，亲美的巴列维政权被推翻，取而代之的伊斯兰共和国最高领袖霍梅尼将美国视为头号敌人，对美国政府不顾伊朗当局抗议而准许前国王巴列维赴美就医的行为更是恨之入骨。当年 11 月，在霍梅尼的支持下，4000 余名伊朗学生占领美国驻伊朗大使馆，使馆工作人员在破坏销毁机密文件后仓皇出逃，但其中 52 名使馆工作人员被扣押为人质，另有 6 名使馆工作人员藏匿于加拿大驻伊朗大使馆和瑞典驻伊朗大使馆。美国中央情报局想方设法帮助这 6 名使馆工作人员拿到假的加拿大护照，使其在千钧一发之际成功离开伊朗，但另外几十名使馆工作人员未能成功出逃。人质事件爆发后，时任美国总统卡特立即对伊朗使出经济外交制裁手段，如禁止进口伊朗石油，冻结伊朗人在美资产约 80 亿美元，将部分伊朗人驱逐出境，同时号召西方盟友对伊朗实施联合制裁。伊朗也给出针尖对麦芒的反制措施，美伊双边关系陷入僵局。1980 年 4 月，在和平谈判破裂后，卡特批准实施代号为“鹰爪行动”的跨军种联合秘密营救行动，但此行动因途中自然环境恶劣、飞机发生故障、情报接收不及时等原因狼狈告终。直至 1981 年 1 月美伊两国达成协议，历时 444 天的人质危机才落下帷幕。此次危机体现出，一方面，美国以维护海外利益为借口在全球推进霸权；另一方面，这一做法势必引起反噬，导致美国与其他国家外交关系恶化，并对其海外利益造成难以估量的损害。

此外，美国还善于通过塑造所谓“规则”来维护海外利益。在美国看来，“大国竞争”时代各国对海外利益的竞逐空前激烈、复杂，美国不仅要积极参与比赛，更要设计游戏规则，既当“运动员”又当“裁判员”。一战末期，面对满目疮痍的战火世界，时任美国总统威尔逊提出“十四点计划”，批评欧洲列强长期以来维持的世界秩序，主张废除秘密外交、消除经济壁垒、保障民族自决、实现集体安全，并通过建立国际联盟解决国家间纠纷。这是美国主动构建世界秩序，提升其全球影响力、捍卫自身民主制度与意识形态的初步尝试。二战行将结束之际，美国主导成立联合国，建立北大西洋公约组织（以下简称“北约”）及亚洲双边军事联盟机制，打造以美元为中心的布雷顿森林体系，依托世界银行、国际货币基金组织和关税及贸易总协定等国际机构，构建了一套以美国利益为优先的全球政治、经济与安全运行机制。冷战后，失去苏联这个强劲对手的美国一时风头无两，但诸多非传统安全问题也日益浮出水面，给美国海外利益构成巨大威胁。

为此，美国加紧塑造有利于自己的国际秩序。第一，1999年，美国打着“人权高于主权”的幌子操纵北约、对主权国家南斯拉夫进行狂轰滥炸即是明证。第二，在政治多极化与经济全球化趋势下，美国对“失势”的前景充满危机感，因此加紧推动国际组织改革，希望国际机构成为维护其利益的“合法”平台。俄乌冲突爆发后，美国三番五次提出“联合国改革”，要求将俄罗斯逐出“五常”、限制“五常”一票否决权等。第三，美国常在多边平台外“另起炉灶”，如支持菲律宾提起“南海仲裁案”，绕过联合国和海牙国际法庭，成立所谓“仲裁庭”进行“裁决”。第四，美国对国际规则采取“合则用之，不合则弃”的态度，特朗普政府时期美国退出《巴黎协定》、伊核问题全面协议、《苏联和美国消除两国中程和中短程导弹条约》、《开放天空条约》等一系列多边协定和联合国人权理事会、世界卫生组织等机构，体现在维护自身利益的过程中，若规则不合其意，美国便一走了之。

二是外交手段。美国对海外利益的维护以“捍卫和推广民主”为核心，是一个不断向外拓展的动态演进过程：在“建章立制”的基础上持续“开疆拓土”；在“独善其身”的同时谋求“兼济天下”，不仅要维护本国民主，更要将其推而广之，逼迫其他国家削足适履，甚至在不同发展路径中选边站队。美国致力于呼朋引伴，打造各色“小圈子”，以志同道合之名行威逼利诱之实；“胡萝卜”加“大棒”两手抓，对顺之者给予金钱、资源以表彰“典范”，对逆之者则动用制裁手段以儆效尤，遑论蕞尔小国，连英法等昔日霸主都被强行绑上其“民主战车”。

美国为何执着于将传播美式意识形态和价值观视为其至关重要的海外利益？这恐怕离不开美国许多战略精英对“民主和平论”的笃信。“民主和平论”的信奉者们宣称，实行西方民主制度的国家彼此很少打仗，而是倾向于采取和平方式解决或调和利益冲突。究其原因，其认为民主国家的政治体制与公共舆论能对政府进行强有力的制约与监督，政府在发动战争之前须“三思而后行”，以免遭致批评甚至下台。同时，“民主价值观”有助于在潜移默化中培养“和平竞争、说服和妥协”的传统规范。鉴于此，美国一直将“推进民主”与“维护安全”“促进经济”并列，视为其国家安全战略目标之一，宣称要“将民主带到世界的每一个角落”，这实际上也是借“攘外”来“安内”的体现。在“民主”大旗下，美国维护其海外利益的外交手段主要包括以下几种。

其一为“和平演变”。在各类政府组织外，美国一系列非政府组织、跨国企业、媒体、行业协会和学术机构等也是维护海外利益的重要力量。它们声称性质独立，但背后往往与美国政府有着千丝万缕的联系。它们活跃在全球各地，以人文交流、商业合作、新闻报道和学术交往等为由头，一边撇清与美国政府的关系，一边旁敲侧击地塑造乐善好施的“山姆大叔”形象，见缝插针地宣传美式民主价值观、进行思想渗透、煽动“颜色革命”，成为美国在海外维护并推进国家利益的重要辅助力量和“马前卒”。美国非政府组织实施演变颠覆的方式无外乎“软”和“硬”两种。“软”主要表现为实施援助或交流等项目。相较于政府官方项目，此类活动的实施主体更灵活，类型也更丰富，其表面上的“中立”和“国际化”色彩更易使受援国卸下心防，从而神不知鬼不觉地实现渗透和颠覆。接受美国官方资助的美国非政府组织“自由之家”曾“骄傲”地宣称，自 1990 年设立访问学者项目以来，该组织已在东欧、苏联、北非和撒哈拉以南非洲吸收了大批“有前途的”青年，他们在各自国家已当上了部长、大使、市长、非政府组织领导人、人权活动家和媒体总编辑等。“硬”则体现为实施境外隐蔽行动，相较于前者更直接硬性且堂而皇之，如扶植亲美势力与政府反对力量、编造散布虚假的煽动性信息、策划街头政治和暴力等。苏联解体、格鲁吉亚“玫瑰革命”以及乌克兰“橙色革命”等与美国非政府组织的煽风点火与推波助澜不无关系。前些年中国香港“修例风波”的背后，也可见美国“国家民主基金会”的身影。

其二为拉动盟友。长期维护遍布全球的海外利益，纵使美国再强大也有鞭长莫及之处、力不从心之时，更何况美国霸权今不如昔，在世界各地投射力量难免左支右绌。因此，美国愈发注重运用其长久以来称霸全球的战略工具——盟友伙伴体系。如按美国学者斯蒂芬·沃尔特提出的“主权国家之间相互承担安全义务”这一广义“盟友”概念，那么美国在全球的盟友多达 60 个；如按狭义定义，即联盟双方需签署正式法律文书，则美国盟友数量有所减少，但仍囊括北约与亚太地区的多个重要国家。美国历来重视盟友伙伴关系，一方面，其坚信与“志同道合的国家”建立集体防御网络能更有效地保护其全球利益；另一方面，“振臂一呼，应者云集”的场景在美国眼中仍是其“自由民主”制度吸引力的彰显。特朗普任期内奉行“美国优先”原则和单边主义政策，任性地“退群”“毁约”，令其盟友伙伴大为震动。为扭转这一态势，证明美国不会背信弃义，拜登政府上台伊始便高调宣称“美国回来了”，多次在各类战略文件和重要场合强调建立“最强大的国家联盟”，以“增强美国在塑造全球战略环境和解决共同挑战方面的集体影响力”。对此，美国一边忙着聚合强化北约、激活久经搁浅的美日印澳“四边机制”、提振传统双边条约盟友关系，一边炮制“民主峰会”“美英澳三边安全伙伴关系”“蓝色太平洋伙伴关系”等五花八门的新机制，又奔走于中东、非洲等距离其本土遥远的地带实施穿梭外交。美国向盟友伙伴借力以助其自身维护海外利益，可谓煞费苦心。

其三为“长臂管辖”。美国维护其海外利益的“外交工具箱”中，还有一个“压箱底”的强力手段，即“长臂管辖”和单边制裁。“长臂管辖”本是美国民事诉讼概念，之后拓展为美国政府“有权”依据其国内法律对外国公民、公司法人乃至政府部门实施管辖，甚至可以按“家法”对其采取强制性单边制裁措施，所涉领域从民事侵权、对外贸易、出口管制到反垄断、反腐败等无所不包，花样亦层出不穷。美国还出台多部法律为其管辖“正名”，如《反海外腐败法》规定任何国家的任何企业，只要与美国有联系，如使用美元结算、涉及美国业务甚至是使用美国邮箱等，均受美国法律监管。法国阿尔斯通案正是美国借“长臂管辖”打压对手的典型案例。法国阿尔斯通公司曾是全球电气行业龙头，被誉为法国“工业明珠”，一度与美国通用电气公司难分伯仲。2013 年 4 月，该公司前高管皮耶鲁奇在肯尼迪机场被美国联邦调查局直接逮捕，美国司法部指控其在印尼的一起投资案中行贿当地政府。一年后，法国阿尔斯通公司与美国司法部达成认罪协议，被处罚金 7.72 亿美元，同年电气业务被美国通用电气公司收购，皮耶鲁奇终被释放。这起案件实则是美国政府主导，以反腐败调查为由，对商业竞争对手发起的收购战，意在通过强力措施维护其商业利益。在中美贸易摩擦中，美国对华无理加征关税、制裁中企；俄乌冲突期间，美国又联合其他西方国家对俄罗斯投下密集制裁“炮弹”，均体现美国通过强力外交手段维护其海外利益的意图之凶险、手段之毒辣。

三是军事手段。如果说利用上述手段维护海外利益的美国还尚且体面地戴着“面具”，那么其对军事手段的运用可谓是赤裸裸的“撕破脸皮”了。美国是世界首屈一指的军事强国，其拥有全球最大规模的海外军事基地、军事同盟体系、军费预算支出和军事工业，这些都是美国遍布全球的海外利益的重要组成部分，是美国借“近水楼台”之利拓展利益并延伸霸权的关键资产，也是其敢于冒天下之大不韪、频繁对外示强甚至发动战争的底气。美国前陆军上校、波士顿大学历史与国际关系学教授安德鲁·巴切维奇就曾毫不讳言地指出，“新军国主义”早已在美国两党政治中根深蒂固，海外军事存在、全球力量投射和干涉主义政策已构成美国对外政策的重要基石。美国维护其海外利益的军事手段主要包括以下几种。

其一为建立遍布全球的海外军事基地。尽管五角大楼尚未公布关于美国军事基地的全部数据，但据美利坚大学政治人类学教授大卫·瓦因和美国智库昆西负责任治国研究会的研究数据可知，截至2021年下半年，美国在至少80个国家拥有近750个基地，几乎是美国驻外使领馆和使团数量的3倍，其中驻有200名以上军事人员的大型基地共439个，占总量的60%左右。从地理分布上看，基地遍布亚洲、欧洲、中东、非洲、拉丁美洲各地区，日本是全球设有美军基地最多的国家，拥有120个现役基地，其次是德国的119个和韩国的73个。维护如此庞大基地群的耗资自然不是一笔小数目。美国每年在海外军事基地上的运营成本约为550亿美元，如果算上人力支出，总额将高达800亿美元。瑞典斯德哥尔摩国际和平研究所报告显示，美国2021年防务开支达8010亿美元，超过排名在其之后的9国军费总和，而军费开支中相当一部分用来维持其遍及全球的军事基地网络。在兵力部署上，根据《冲突管理与和平科学》杂志数据，截至2020年，美国在159个国家部署了约17.3万名士兵，这些现役军人中的大多数分布在14个国家和关岛，日本、德国和韩国再次位居前三，驻扎美军人数分别为5.4万、3.4万和2.5万人左右。

其二为缔结相互支持的军事同盟架构。美国在全球的力量投射向来不靠单枪匹马，而是联合诸多军事盟友协同作战。美国的军事盟友在前文所述的盟友伙伴体系中居于最核心位置，其在欧洲以北约为核心，在亚洲以五大双边条约盟友为基础。双边军事盟友的建立服务于冷战需要，旨在从两个方向对苏联和中国进行战略遏制，同时也是对联合国等集体安全体系缺陷的补充。在北约这一世界上最强大的军事联盟中，美国又是“领头羊”。北约协议第五条即共同防御原则规定，对北约任何成员国的任何武装或军事侵略，都等同于对其所有成员国的攻击，因此北约所有国家都必须采取军事行动保护被袭击的国家。2001年“9·11”事件爆发后，北约全员参与了对阿富汗的军事行动，这正是共同防御原则被激活的体现。北约在历史上的5轮东扩凸显美国对维护其海外安全架构的诉求已不囿于西欧地区，而扩展到更广阔纵深的中东欧地区。从亚欧大陆的动向来看，美国霸权的触角也已伸至此地。美国在亚洲的军事联盟体系以日本、韩国、泰国、菲律宾和澳大利亚5国为中心，其双边联盟分别基于《美日安全保障条约》《美韩共同防御条约》《腊斯克—他纳公报》《美菲共同防御条约》和《太平洋安全保障条约》，彰显美国对确保在亚太地区战略优势的重视。在这套亚太安全架构中，美国常常将维护“自由开放的印太”和“航行自由”挂在嘴边；在其眼中，“轮辐式”的亚太军事同盟是其在亚太海外安全利益的根本保障。

其三为通过大规模军演展示威慑力。在非战时美国往往通过军演“秀肌肉”，展示美国军力并威慑潜在竞争对手，同时进一步训练并提升其作战能力，以更好地维护其海外利益。2021年8月，美国举行号称“40年以来最大规模”的海上军演——“大规模军演-2021”，该演习在大西洋、太平洋和印度洋多个海域同时进行，横跨全球17个时区，动用包括航母和核潜艇在内的36艘舰艇和2.5万名军人，历时近半个月。美国海军战争学院教授詹姆斯·霍姆斯称，这种大规模军演可以警示敌人，美国有能力同时应对在黑海、东地中海以及南海和东海面临的挑战，分散美军的意图无法成功。2022年美国同样主导或参与了各式密集军演，令人目不暇接，仅亚太地区就有其与菲律宾的“肩并肩”军演、与澳大利亚的“钻石风暴”军演、与韩国的“乙支自由之盾”军演、与日本的“东方之盾”军演、与美日韩澳加的“太平洋龙”军演和纠集27国海军力量的全球最大规模的“环太平洋”军演等。2023年以来美国持续加码，在继续插手俄乌冲突的同时加大对亚太地区与中国的关注，炮制军演数量有增无减，甚至联动亚欧盟友伙伴，意图“两面下注”，通过“一体化”威慑巩固地区和全球霸权。美国海军研究生院国家安全事务副教授杜孟新称，这体现出在“大国竞争”的背景下美国维护其海外利益、以应对所谓“步步紧逼的威胁”的焦躁心理。

其四为必要时发动军事行动。美国维护海外利益的军事手段不限于仅仅“秀肌肉”，作为全球头号军事强国，美国在关键时刻为清除异己甚至可以“大动干戈”，用真枪实弹维护本国霸权。据不完全统计，二战结束后至 2001 年，在世界 153 个地区发生的 248 次武装冲突中，美国发起了 201 次；2001 年至 2021 年的 20 年间，美国与其盟国在他国共投下 32.6 万枚炸弹和导弹，相当于平均每天投下 40 多枚；后“9·11”时代美国发动战争造成的军民死亡总数高达 92.9 万人，至少 3800 万民众流离失所。由此可见，若美国自认为其利益遭到严重威胁，那么无论战争成本和损失多么难以估量，其都能动用军事力量介入冲突。1991 年初，伊拉克入侵科威特。对此，美国打着人道主义的幌子，联合盟军出兵伊拉克，首次将大量高科技武器投入实战，以压倒性优势迅速结束战争。美国借此次海湾战争巩固多重利益，一是使科威特丰富的石油资源不致于被伊拉克抢走，保住美国重要海外经济利益；二是借机展示强大军事实力，有助于在冷战后树立新的霸权形象；三是进一步加强与波斯湾地区国家的政治合作与军事合作，强化自身在该地区的“合法”存在，使其海外利益得到进一步的扩张与巩固。2020年，6名非洲袭击者在尼日尔绑架了27岁的美国公民菲利普·沃顿，美国海豹突击队第六队迅速展开紧急营救，奔袭数千公里前往非洲救人，并辅以海外基地支持和空中监视支持，最终成功营救人质。

然而，战争永远没有固定的轨迹，哪怕强大如美国，也无法一直复制海湾战争的“神话”，难免有丢盔弃甲、铩羽而归之时。2001年9月11日，两架被恐怖分子劫持的民航客机分别撞向美国纽约世界贸易中心双子塔，震惊全世界。美国深感恐怖主义已成为对国家安全的严重威胁，为报复“基地”组织和塔利班，美国联合盟军于当年10月7日开始对阿富汗实施空袭；尽管美国为反恐不断投入大量金钱和资源，但恐怖分子总是卷土重来、越打越多，同时美军和平民伤亡与日剧增。面对黯淡的战争前景、入不敷出的军费压力与民怨四起的舆论环境，2021年4月拜登称美国将正式开始撤军行动，8月30日美国中央司令部司令肯尼思·麦肯齐宣布撤军行动完成，美国在阿富汗长达20年的军事行动这才仓促画下句号。

得之于全 失之于义

对于美国而言，一部海外利益扩张和保护的历史，某种意义上就是其拓展海外影响力、建构全球霸权的历史。作为现代化的先发大国也是头号强国，美国维护其海外利益的历程和做法有其领先的一面，但也始终存在一些固有弊病。

从“得”的方面来看。

第一，美国较早确立了比较系统、全面的海外利益认知，对其日后拓展全球战略布局、长远经营地缘要冲发挥了先导性的作用。观察美国对于自身国家利益的优先级排序，“海外利益”不是自成一类的独立范畴，而被定义为“在美国国境之外的国家利益”，或称“国际层面的国家利益”。由此观之，美国对海外利益的认知具有系统性和全面性：从地理维度看，其看待海外利益的范围不限于本国周边，而拓展至全球各地；从时间维度看，其看待海外利益不限于一时、一事，而注重长时期的经营与维护；从内容维度看，其看待海外利益不限于人员、资产等有形利益，还同样重视意识形态、价值观等“软利益”的维护和扩展。正是在这一系统的“海外利益观”下，美国得以将传统上限于国境之内的国家安全概念大为延展，以更加综合的安全理念逐步构筑起覆盖多个地区、多个领域的战略布局。

第二，美国维护海外利益的手段和工具较为丰富，这些不同的手段和工具使得美国能够更好应对多元、复杂的海外利益威胁。一般而言，外交手段和军事手段是海外利益保护的核心手段，也是各国维护海外利益的传统凭借。值得关注的是，作为长期注重维系“全球优势”的霸权国，美国在法规手段、外交手段和军事手段之外还设置并运用了许多其他的非传统手段作为维护海外利益的工具补充。二战结束后，美国决意将以经贸自由化和政治民主化为核心的“自由国际秩序”推向全球，在这一战略总要求下，美国不仅要维系对全球重要能源资源供应和地缘要冲的控制，还需要在全球经贸活动中保持优势地位，推动美式价值观和话语模式在全球获得认同。因而，在外交和军事等传统手段外，美国还使用法律、制度、海外行动等多种手段对海外利益实施全方位保护。一方面，美国强化关于海外经济利益保护的国内立法和国际规则制定，为保护海外利益提供制度性支撑。通过建立布雷顿森林体系、国际货币基金组织和世界银行，以及颁行《1948 年经济合作法》《1974 年贸易法》《1988 年综合贸易与竞争法》等一系列经贸立法，美国得以有效抵御本国企业赴海外投资遭遇的国有化等风险，并通过主导多边机构限制某些特定对外援助等方式掌握维护海外经贸利益的战略主动。另一方面，一旦认定某些组织或个人对美国公民人身安全等构成严重危害，美国便不惜使用强力手段对此予以打击、震慑。如对于与“9·11”事件密切相关的原“基地”组织重要头目艾曼·扎瓦希里，美国中央情报局对其展开20余年的追捕行动，通过使用无人机发射导弹对艾曼·扎瓦希里实施“定点清除”。

第三，美国维护海外利益安全的参与主体多种多样，关于维护和增进海外利益的社会共识和相关动员比较充分，这一多方共建的海外安全体系使得美国海外利益保护更加立体化、系统化。在美国，维护海外利益安全不单单属于“公权力”管辖范畴，企业、非政府组织乃至相关个人都参与到维护海外利益的进程中。特别是自20世纪90年代以来，跨国公司成为美国主导全球化的重要抓手，美国的海外利益往往在实践中被具体化为其跨国公司拓展海外业务的经济利益。美国不少跨国公司设有专门应对海外投资风险的部门和专员，聘请精通投资对象国政治经济情况以及法律制度的专业人员为其提供经营咨询，以“自助”的方式自然成为美国海外安全体系的重要组成部分。同时，美国政府也注重联系社会力量强化维护海外利益安全的全面性。例如美国国务院下属的海外安全顾问委员会具有高度开放性，在美国境外开展业务的企业、非政府组织、学术组织等均可申请加入，旨在为赴海外拓展业务的部门或实体提供安全指导和安保建议。此外，通过影视宣传、文学创作等文化手段，美国擅于将远驻海外的军人、商人以及社会服务志愿者等刻画为“利益捍卫者”“和平使者”等形象，使得其相关行动获得更多的国内外支持。

从“失”的方面来看。

一方面，美国的海外利益架构及其安全开支过于庞大，反过来影响其国内民众福祉和安全战略的平衡性。陆海空天网、东西南北中，美国的海外利益架构经过长期发展已到了近乎无所不包的地步。面对如此多元、繁杂的海外利益，美国又发展起一套以军事强力手段为核心后盾的海外安全体系。当海外利益安全遭遇紧迫威胁时，美国的统治精英往往最先想到军事力量的海外运用。美国前总统克林顿就曾提到："当某场危机的消息突然传到华盛顿，每个人嘴里冒出的第一个问题毫不意外都将是——最近的航母在哪里？""9·11"事件后，美国将国际恐怖主义视为海外利益的头号威胁，由此开启一场旷日持久、耗资巨大的"全球反恐战争"。2017 年特朗普政府上台后转变战略关注，将应对"大国竞争"作为美国安全战略的首要任务，转而将所谓"修正主义国家""敌对国家"的"恶意行为"视为海外利益的突出威胁。然而，无论是反恐还是"应对大国"，不变的是美国以"维护海外利益"为名对军火和战争的巨额投入。美国独立智库安全政策改革研究所发布的调查报告显示，2001 年 10 月至 2021 年 8 月，洛克希德–马丁公司、雷神公司、通用动力公司、波音公司和诺思罗普–格鲁曼公司这五大美国军工巨头获取的国会拨款总额达 2.02 万亿美元。2022 年 12 月，美国总统拜登将"2023 财年国防授权法案"签署成法。这一法案授权的美国国防经费达到创纪录的 8579 亿美元。然而，面对大流行病、气候变化等日益凸显的跨国性非传统安全威胁，如此大规模的军火投入是否真的贴合美国面临的海外利益安全形势？不少理性的美方战略人士都在对此做出反思。2020年9月，《科学美国人》杂志以《是时候控制膨胀的军事预算》为题刊文指出："在即将到来的前所未有的预算紧缩时代，重新评估和控制军费开支的时机已经成熟，这种高昂的军费开支几乎没有带来真正的安全。"美国反战组织"不战而胜"的主管埃丽卡·费恩则表示，美国政府无节制地为军火商提供资源，牺牲的是对本国公共产品的投资，还增加战争风险，于己于人都没有好处。

另一方面，美国维护海外利益的种种做法本质上是一种"霸权护持"，其在维护海外利益时往往不惜牺牲他国利益，既有损国际公义，也不符合全球共同安全的要求。海外利益代表美国"优势地位"在国境之外的延展，为了维系这种"霸权优势"，美国可以动用"特殊手段"，哪怕对于盟友也不例外。《纽约时报》曾披露，20世纪90年代美国与日本展开汽车贸易谈判，当时的克林顿政府为在谈判中赢得优势地位，指示中央情报局专门派出海外情报人员搜集、窃听相关内幕情报，将之交给负责谈判的时任美国贸易代表米基·坎特及其工作团队。更不必说当美国企业面临严酷的国际竞争时，美国还会引用其《反海外腐败法》等国内法律，借助司法、制裁等强力手段对其他国家的重点企业进行打击，反过来助推美国企业的海外扩张。在评论美国通用电气公司利用强力手段打击法国工业巨头阿尔斯通的这段历史时，法国前高级情报官员阿兰·朱耶指出："面对（美国）这样一套倚仗军事实力、司法武器和信息技术的帝国主义逻辑，其他国家没有反抗的余地：要么屈服，要么合作，要么消失。"事实上，美国这种霸道的做法，不仅不符合相互尊重、平等互利的国家间基本交往规范，还对全球共同安全的正向追求产生消极影响；其看似用强硬手段维护了海外利益，实际上却深远伤害了自身的战略信誉和有利于繁荣发展的国际环境，得不偿失。

总的来看，美国维护海外利益安全的精力投入和体系架构，已经远远超出了维护国家利益的正常需要和对外部风险感知的合理反应，演变为一种对在既有国际体系内享有绝对主导地位的痴迷与追逐。美国利用实力地位增长带来的多元手段对海外利益实施全面防护，其海外利益的延展和增进又给其安全防护不断提出更高要求，促使其进一步加大投入。在这种螺旋上升的海外利益安全逻辑中，维护霸权成为其海外利益安保的最终归宿，也让其无可避免地陷入"安保越多，越不安全"的安全困境。

参 考 文 献

1 [巴西]路易斯·阿尔贝托·莫尼斯·班代拉著，舒建平译:《美帝国的形成》(第三版)(插图版)，中国人民大学出版社 2015 年版。

2 [英]A.G.霍普金斯著，薛雍乐译:《美利坚帝国：一部全球史》，民主与建设出版社 2021 年版。

3 [美]诺埃尔·毛雷尔著，黄欣、石莉译:《帝国陷阱：美国政府如何保护海外商业利益》，国际文化出版公司 2020 年版。

4 [美]大卫·韦恩著，张彦译:《美国海外军事基地:它们如何危害全世界》，新华出版社 2016 年版。

5 [美]罗伯特·吉尔平著，门洪华主编，钟飞腾译:《跨国公司与美国霸权》，东方出版社 2011 年版。

6 于群主编:《美国国家安全与冷战战略》，中国社会科学出版社 2006 年版。

7 周琪:《美国人权外交政策》，上海人民出版社 2001 年版。

3

第三章

日本：以柔克刚
精于算计

海外利益是日本国家安全的重要组成部分之一。日本历来重视对海外利益的拓展和保护，曾因多次对外发动侵略战争而犯下累累罪行，也因成功打造“海外日本”而被人津津乐道。二战后，日本更加重视对海外市场的开拓以及对海外利益的保护，并呈现出与美欧等西方发达国家显著不同的特点。因日本宪法和相关法律对向海外派遣自卫队等设定了较为苛刻的条件，日本维护海外利益的硬实力不足，故而其在拓展和保护海外利益时采取了更加柔软和巧妙的手段，例如战略性运用政府开发援助，企业规避风险、靠前站位、未雨绸缪等，可谓形成了海外利益保护的“日本模式”。

谨慎细致的日式风格

日本是当今世界的第三大经济体，也是全球化程度很高的国家之一，拥有丰田、三菱、东芝、索尼等众多利益遍及全球的知名大型跨国企业集团。日本作为一个陆地面积仅有37万余平方公里的岛国，从二战后的满目疮痍发展为世界经济强国，其成功的最大秘诀可说是最大限度地利用了全球市场的发展活力。据日本财务省统计，截至2021年底，日企和个人拥有的海外资产总额约达1250万亿日元，减去负债后的对外净资产总额逾411万亿日元，连续31年成为全球最大的净债权国。换句话说，日本的对外净资产总额约为同期GDP的76%，几乎相当于在其国土之外打造了另一个“海外日本”。

日本四面环海，可耕地面积狭小，并且自然灾害频发，使得日本人始终对失去土地抱有强烈的“危机意识”，同时也对扩张领土怀有深深的“执念”。历史上，日本曾多次通过发动战争试图向海外扩张。战国时代，完成统一日本大业的丰臣秀吉就曾幻想迫使印度果阿的葡萄牙政权、菲律宾马尼拉的西班牙政权和中国台湾向其朝贡，甚至梦想统治中国和朝鲜。为此，日本分别于

1592年和1597年发动了被称为“文禄之役”和“庆长之役”的两次侵朝战争，前后长达7年。战争初期，丰臣秀吉的军队在2个月内就占领了朝鲜的京城（今首尔）、开城、平壤三大都城。在攻占京城之后，丰臣秀吉得意地声称：要迁都北京，由日本天皇统治中国。不过，在朝鲜人民的奋勇抵抗和明朝援军的反击下，日本的侵朝战争最终失败。明治维新后，日本再次走上对外扩张的道路。这一时期最具代表性的人物就是提出“生命线”与“利益线”一说的时任日本陆军大臣山县有朋。1890年，山县有朋在其《外交政略论》和在日本第一次帝国议会上的“施政方针演说”中声称，“要维持一国之独立，仅仅守卫主权线是决然不够的，必须进而保卫利益线”，而“保卫利益线”就必须侵犯邻国主权。对外侵略扩张成为了当时日本的主流思潮，尤其是武装吞并朝鲜、侵略中国等针对周边国家的对外扩张政策，逐渐成为日本政府所主张的所谓“大陆政策”。此后，日本先后吞并中国台湾地区和朝鲜，发动日俄战争、侵华战争，甚至挑起太平洋战争对美欧开战，并侵占东南亚和南太平洋地区广大土地，对数亿人民犯下累累罪行。

二战后，受和平主义思潮影响以及“和平宪法”的约束，日本的国家权力在很长一段时期受到极大限制，政府提及“国家利益”时变得极其谨慎，对“海外利益”则更加敏感，甚至日语中已不存在与“海外利益”直接对应的词语。但是出于岛国的危机意识以及国家振兴的需要，日本对海外拓展充满执念。二战后初期，日本就巧妙地把对东南亚国家的战争赔偿转化为经济合作，并且形成了贸易、投资、援助“三位一体”的合作方式，向东南亚地区进行大规模的经济渗透，助力自身经济在战败后的较短时间内实现快速复苏。20 世纪 60—80 年代，日本在自身产业结构升级换代的过程中，不断把进入成熟期和大规模制造期的产业向更具成本优势的“亚洲四小龙”、东南亚地区等地转移，作为“头雁”引领东亚“雁阵模式”，进一步拓展了其在亚洲地区的经济利益，巩固了其在亚洲产业链中的优势地位。

近年来，受少子化、老龄化影响，日本国内市场规模持续缩小，创新能力不断退化。日企更加重视发展海外业务，地方更愿吸引外国游客。据日本国际协力银行调查显示，近年来日本制造业企业的海外生产和销售比例不断攀升，2022 年分别为 35% 和 38.5%。而作为日本支柱产业的汽车和电机电子业，其海外生产的比例更分别高达 42.1% 和 45.5%，海外销售的比例分别高达 40.4% 和 47.8%。与此同时，67.2% 的受调查企业表示将在未来 3 年里进一步强化和扩大海外业务规模。可以说，海外市场支撑着日本经济的发展，日企的海外利益如今已遍布全球。

2013 年 12 月，安倍内阁出台日本首份《国家安全保障战略》，首次明确定义日本的“国家利益”，并将构建和维持“自由贸易体制”“稳定且透明的国际环境”“基于自由、民主、人权、法治等普世价值的国际秩序”等海外利益纳入其中。有关海外利益保护，该战略提出应强化海洋安全保护，特别是保护海上通道安全，积极帮助沿线国提高海上安保能力，并与之构建拥有共同战略利益的伙伴关系；强化国际反恐对策，建立与海外民间企业的情报交换和共享体制，完善对国际恐怖主义形势的分析体制、加强海外情报的搜集能力等。尽管日本官方未对“海外利益”的概念作出统一界定，但根据一系列官方资料可知，其至少具备两大特征：一是海外利益是日本内部利益的重要延伸，与外交领域交织紧密；二是日本政府将在积极参与国际议题中维护并扩大海外利益，东南亚国家属于重点关注区域。如日本前外务事务次官竹内行夫从完善国际秩序层面指出，日本的海外利益可在反恐、防范大规模杀伤性武器扩散、应对全球变暖、促进自由贸易、助推发展中国家经济增长、协同应对自然灾害，以及阻止传染病蔓延等国际公益探求中同步获取。

近年来，日本虽然不断增强军事实力，试图实现“正常国家化”，但自卫队能力建设依然滞后，海外派兵依然受限，维护海外利益的硬实力仍旧不足。因此，日本在拓展和保护海外利益时力争“以柔克刚”，采取“强化个人风险意识，注重事先规避风险”的原则，体现出“谨慎细致，防患未然”的鲜明特色。

从企业的角度看，日企虽然重视发展海外业务，但在选择投资对象时十分谨慎，尤其看重投资对象国的安全风险，尽量做到

“危邦不入，乱邦不居”，减少乃至避免对高风险国家投资。据日本贸易振兴机构统计，截至 2021 年底，日本在全球范围的对外直接投资累计额约为 1.99 万亿美元，其中 1.36 万亿美元投资到了经济相对发达、投资风险较低的经济合作与发展组织国家，其占比高达 68.3%。而对中东和非洲等经济相对落后、投资风险较高国家的累计投资额则仅为 120 亿美元，占比仅为 0.6%，可谓是微乎其微。

从个人的角度看，日本外务省在其“海外安全”网站上实时发布“海外安全情报”，将全球所有国家分为 4 个风险等级，要求国民避免前往高风险地区，并明确指出“每个人是其自身安全的第一责任人”。因此，极少有日本公民被卷入第三国的内战、动乱、恐袭等。2014 年，日本公民汤川遥菜进入叙利亚后被极端组织“伊斯兰国”绑架并杀害。汤川遥菜被绑架后，日本舆论出现“责任自负”言论，认为其擅自前往危险地区，应该自行承担后果。汤川遥菜的父亲在得知儿子遇害后甚至对媒体表示，自己儿子的事情给政府和社会各界“增添了麻烦”，因此致歉。

防患未然的利益保护体系

日本历经多年的海外投资和贸易，形成了比较完善的海外利益保护制度体系，包括法律体系、政策体系和保险体系等，全方面护航日企出海。

较为完善的海外利益保护制度体系。日本非常重视构建海外利益保护的法律体系，在经济领域出台了《外资法》《外汇法》《境外拓展对策资金贷款制度》《日本贸易振兴机构法》《境外投资信用保证制度》等一系列法律法规，涉及外汇管理、海外投资、海外金融资产、海外能源供给、海外粮食安全、海外矿产资源、海外基础设施、知识产权保护等，对主要保护对象、相关保护机构及其职责作出了明晰的顶层制度安排，使得海外投资权益保护与海外市场开拓相辅相成。在海外公民安全层面，日本也形成了一套完整的海外公民保护机制。

政策体系包括领导体系、投融资政策体系、海外利益保护组织机构体系等。日本于 2013 年设立了由首相领导的“国家安全保障会议”，统领海外利益保护工作。日本外务省设立国际情报统括官，驻馆外交官收集情报并负责与日企和民间团体等驻外机构联系。日本 2015 年成立直属首相官邸的“国际反恐情报收集组”，启动内阁网络安全中心，向海外使领馆增派情报官，并扩大与美国、澳大利亚等国的情报合作。另外，日本外务省、经产省、贸易振兴会等建立起“政府—国内企业本部—海外子公司”三级海外安全风险管理体制。海外日企一般配有风险防范常设机构和专人，建立有整套风险管理机制和危机预案，可与国内无缝对接和分级管控。日本外务省与20余家跨国企业组建“海外安全官民合作会议”，外务省领事局局长与企业负责人和团体负责人定期开会，共商策略。“海外日本人安全协会”收集和调研海外信息，向会员企业提供信息和指导对策，协助政府决策。日本在外企业协会向企业提供咨询，协助解决投资问题，开展“海外安全与危机管理者”资格认定。

保险体系方面，日本于2001年成立日本贸易保险公司，其隶属于经产省。日本贸易保险公司为日资企业的贸易、融资和投资提供保险业务。针对海外投资保险，日本贸易保险公司推出了海外投资保险制度，用于保护由战争或自然灾害等不可抗力造成的损失、东道国政府的征收和权利损害以及外汇管制而造成收益无法汇回的损失，保险期最高30年。日本政府注重海外投资保险体系建设，通过保险为“走出去”的日企提供保障，使日企可以集中精力进行商业经营。具体来看，为方便海外日企入保，日本政府会请求与东道国政府合作，委托当地贸易保险机构接受日企的入保申请。入保的日企如果发生需要赔偿的情况，则全部由日本贸易保险机构负责审查和赔偿。作为合作条件，日本贸易保险机构分保当地贸易保险机构的“再保险”业务。

官民融合的多层次海外利益保障机制。一是国家层面以经济外交推动海外利益保护。日本经济外交作为日本外交乃至日本对外战略的重要组成部分，在日本与全球积极互动的进程中扮演了

关键角色。维护海外利益是日本政府制定外交政策时的重要考量。随着《全面与进步跨太平洋伙伴关系协定》《区域全面经济伙伴关系协定》《日欧经济合作协定》与《日美贸易协定》的生效，日本在全球的经济合作架构大体形成。整体而言，日本政府以自由贸易协定为基石，不断提高自身谈判水平并扩大参加的成员国范围，发挥日本在世界贸易领域的领导作用，并打造全球“自由贸易旗手”的形象。日本希望通过将符合自身利益的规则体系推广到整个亚太地区乃至全球，在未来经贸规则制定中占据主动，掌握主导权和话语权。借助日本经济外交的有效实践，日本不断优化国际合作和海外利益保护布局。特别是安倍晋三第二次执政之后，推行“战略外交”，以“俯瞰地球仪的外交”和“积极和平主义”为主要内容，以“自由开放的印太战略”为主要抓手，以“全球视野”来推进其具有战略自主性与针对性的外交。更广阔的对外关系网能够带来更多的国际社会支持，同时形成更富弹性和强韧度的供应链。

二是政府层面以多机构合作为海外利益保护提供支持。除了专门管理对外事务和经济合作事务的外务省和经产省外，日本内阁府、财务省、农林水产省等诸多省厅也频繁开展对外经济决策与实施。同时，政府附属团体、非政府组织、企业行会等也积极开展对外经济联系。此外，日本还适时提高政府的治理能力，不断完善公共服务支撑体系。如在援助体制上，日本政府开发援助曾长期由外务省、财务省、经产省和经济企划厅负责政策的制定，日本进出口银行和海外经济合作基金负责具体实施。为加强海外利益保护，日本不断修订其纲领文件，2015 年 2 月，日本内阁在“开发合作大纲”中首次写入了“国家利益”字样。2022 年，日本政府计划进一步根据实际情况进行修订。

三是企业层面发挥自身能动性加强海外利益保护能力建设。日本把日本工商会所构筑的地方与中小企业的全国性网络与外务省的在外互联网络有机地结合起来，为海外中小企业提供安全层面的信息交换平台，并通过此平台进行针对中小企业的安全对策研讨，共享安全对策相关信息、优良事例、小册子等。与此同时，培养企业内部的安全意识，发挥企业带头作用。如为了深化在海外进行贸易往来的民间企业团体与外务省之间的信息互联与意见交换，进一步保证日本公民在海外的安全环境，日本在2003年创设“海外安全官民合作会议”，组织企业共同进行海外日企在信息、意见方面的交流，提高企业高管自身的安全意识，强化紧急事态下相关机构的应急能力。

完备的信息共享机制。日本在海外有着数量众多的海外派驻机构，如日本贸易振兴机构、各类咨询公司、综合商社、当地商会以及各类政府派出机构等，共同构建起一个庞大的信息支持系统。日本贸易振兴机构、日本国际协力银行以及日本国际协力机构联合为企业提供咨询，通过集中收集境外投资国家的政治、金融、贸易等信息，利用全球信息网络帮助企业开展前期调研、项目投资，参与东道国之间的有效沟通。为企业顺利开展投资活动提供信息参考和决策建议，确保信息充分下的海外利益安全。

日本贸易振兴机构是众多服务机构中极其重要的机构之一。日本贸易振兴机构及其在海外的众多派出机构，将从各处搜集来的信息进行分析、判断，然后提供给日本国内的有关部门。日本政府在多项政策中都强调要充分利用日本贸易振兴机构的信息网络优势，了解海外的合作企业、当地国家的国情等，为企业提供必要的信息服务。日本政府制定的《中小企业海外发展支援大纲》要求日本贸易振兴机构应与中小机构密切合作，制定一套完整的支援体制，大力支持中小企业向国际化转型。再如日本的“新成长战略”中也强调日本政府通过日本贸易振兴机构对日本中小企业的海外事业发展提供规模巨大的资金支持，要求其在国内外从中小企业海外事业的准备阶段、进入阶段直至合同缔结阶段进行全方位的支持。

另外，日本在海外拥有数量庞大的咨询公司，并成立有海外咨询企业协会。如东京商工会议所等专门推出了海外经商指南，野村综合研究所等为企业提供专业咨询服务。这些咨询公司的职能是为日本政府提供有关国际合作政策的制定和实施的建议；协调政府与企业、企业与企业乃至企业与国际机构间的关系；与国际开发性金融机构、外国政府及政府机关、海外咨询业界等建立网络关系；接受大型综合开发咨询项目等。另外，日本的综合商社也发挥着对企业海外发展的服务功能，综合商社活动的基础就在于对情报的综合利用。综合商社可称之为日本型“超级跨国公司”，其海内外交易范围广泛，拥有多种功能，实行综合经营，同时还积极向海外投资设点，增建其销售与情报收集的网点。综合商社灵活运用国际化的信息网络，促进了海外直接投资的增加以及国际间贸易的扩大，是日本拓展和维护海外利益的先导。

为了更为有效地整合相关资源，日本还组建了一些专门的服务机构，以服务于企业的经营活动为首要任务。如为了推进海外矿产资源勘查开发，日本于1963年成立了“金属矿业事业团”这一隶属于经产省资源能源厅的准政府性质的机构，直接或间接地参与日本海外矿产资源勘查开发事务，特别是对日企的矿业跨国经营提供全方位支持。2002年日本又将1967年创建的日本石油开发公团归并到“金属矿业事业团”，新组建独立行政法人“石油天然气·金属矿产资源机构”。它的主要职能包括建立全球矿产资源信息网络，通过技术合作和经济援助，降低企业在海外勘查开发的风险，在海外开展基础地质调查，承担项目前期风险，引导企业选点。

较为有效的海外侨民安保机制。海外日侨的保护工作主要由日本外务省领事司根据相关法律具体牵头负责。在国家层面，2003年日本确立处理“有事事态”（发生战争等紧急危险情况）的相关制度的基础——武力攻击事态应对关联三法案（“有事关联三法”），其中包括《应对武力攻击事态法案》《自卫队修改案》《安全保障会议设置法修改案》。2004年日本根据《武力攻击事态应对法》所定的基本理念对个别法制进行整备，形成由七条法律与三大条约组成的“有事关联七法”，其中《有关在武力攻击事态中保护国民的措施法律》（以下简称《国民保护法》）作为重要组成部分之一被包含在内。其后日本根据《国民保护法》以及2005年3月的《国民保护基本方针》制定了《外务省国民保护计划》，根据《国民保护法》的第33条第1项以及第182条第2项的内容制定了外务省所掌事务与责任，确保在发生武力攻击事态或是紧急处理事态时可迅速开展国民保护与紧急撤侨措施，并对国民保护措施的架构机制、实施方法、协助机关及相关内容进行了系统性说明。

面对在外生活拮据且具有回国意愿的侨胞，根据外务省制定的《领事官员针对需要国家援助的回国人员的职责法》，日本可通过国家贷款方式为其提供帮助。面对突患精神类等恶性疾病群体，如该类群体既不适合乘坐船舶等用时较长的交通工具，又不便在没有专业医护人员陪同下搭乘飞机，驻外人员将根据领事保护法，灵活调配工作人员予以陪同，直至其平安回国。

特别是海外侨胞所在国发生内战、恐袭、天灾等紧急事态时，保卫侨民的生命、财产安全是驻外使领馆的重要任务之一。根据《外务省国民保护计划》，外务省将牵头成立专班，紧急负责撤侨事宜。驻地大使馆将第一时间协调各类公共交通资源，将目标群体撤离至安全区域，并及时安排专机确保其安全抵达日本，若专机数量不够，日本政府将与伙伴国及时协调，让海外侨胞搭乘国外班机回国。外务省本部的工作人员也会根据实时信息及时与家属或公司确认情况，确保万无一失。此外，驻外使馆平时会及时完善人员档案信息，掌握海外侨胞实时情况，储备充分的应急食品与药品，并建立紧急联络体制，与日本商会等团体商定紧急事态下的撤侨事宜。俄乌冲突爆发后，日本驻乌克兰大使馆成立临时联络处，组织在乌日本公民紧急撤离，尚未撤离的公民被转移至波兰边境的乌克兰西部城市利沃夫，并提供最新信息和日常生活帮助等，确保在乌日本公民安全。

“日本模式”的得与失

日本二战后的海外利益拓展及保护历程有着鲜明的特色，形成了“日本模式”，这为战后的日本开拓了一条不同于传统强国海外利益拓展之路径，在海外重建另一个“日本经济体”。截至2021年底，日本海外净资产超411万亿日元（约合3.16万亿美元），规模全球第一。但是“日本模式”并非完美，其很多特点呈现出“一体两面”的特征，有其不足和短板。

优势一：体现日本特色的“细致”与“忧患意识”。日本对于海外利益保护的思考及运作落实了未雨绸缪的提前应对理念。一方面，在海外利益拓展的过程中便提前思考如何予以保护，提前进行调研、咨询、保险等。另一方面，就采用何种保护手段而言，通过梳理此前已发生的风险、假设未来可能发生的风险，提前出台预防保护政策，设置对策储备箱，不仅实现风险规避中的海外利益保护，而且当风险真正出现时能以妥善措施迅速应对。同时，日本的海外利益保护还针对风险进行分级处理，如日本政府针对海外可能存在风险点位的所有领域，根据海外风险冲击程度大或小、发生频度高或低的要素两两组合，对风险应对的“优先顺序”进行大致界定：在自然灾害领域，将各国自然灾害风险由大到小排序为地震、洪水和台风，并大致界定不同国家受每种灾害的影响程度。依据海外利益受影响程度并有针对性地进行风险的防范及对冲，日本形成了较有成效的海外利益保护系统。

优势二：充分发挥官民融合的合力，在国家、政府、非政府机构、企业行会、企业个体各个层面实现了有效对接。国家和政府在宏观层面对日本整体海外经济布局和政策等加以引导和规范，制定全方位的推进和保护策略，构建评估企业外派国家风险以确定海外利益拓展方向的系统指标体系和海外利益保护的系统支持措施。在此引导之下，日企在其他机构的帮助下大举进军某个地区或某个产业，形成抱团出海的规模效应。在海外利益拓展过程中遇到问题时，日企随时向行业组织或政府部门反馈，行业组织或政府部门迅速进行应对，形成边拓展边保护、随时进行边际调整的完整闭环。同时，积极发挥日本海外中小企业和个人的毛细血管作用，在获取海外情报信息方面进行全面动员，展现出海日企及日本员工全民情报员的姿态。

优势三：帮助日本成为建立在全球经济基础上的“成熟债权国”。日企不断推进海外投资，将生产部门迁移到成本更加低廉的国家。随着日企不断地将生产部门转移到海外，日本的国际收支结构也发生了相应的变化。日企从海外直接投资获得的分红收入和从海外金融资产获得的利息收入不断增加，使日本的转移收支稳定在顺差水平，最终实现了经常收支顺差，这使得日本成为了所谓的“成熟债权国”。

在肯定“日本模式”的同时，我们同样要看到其不足之处。

教训一：大规模推进海外投资造成国内产业空洞化并激发国内资产泡沫破裂。对外投资的高速大规模扩张给日本国内经济带来了多方面不良后果。一方面，国内制造业向空心化方向发展。“广场协议”之后，日本制造业增加值占其 GDP 的比例一直在下降，制造业是大国经济的支柱产业，制造业空心化是日本经济一直难以走出长期低迷的根本原因。另一方面，在“广场协议”签订后的 5 年时间里，日本资金高速流向海外，直接造成国内资金流动性不足，加之日本央行不合时宜地出台了紧缩性货币政策，二者共同发力，使日本在经济高速增长期形成的经济泡沫在 20 世纪 90 年代初瞬间破裂，东京房地产价格跌至泡沫前的三分之一，日本金融系统也遭到较大冲击。对外投资扩张是日本经济增长、产业结构升级的必然结果，但日本在 20 世纪 80 年代中后期高速推进对外投资的过程中，没有处理好对外投资与国内经济发展的关系，对外投资与国内产业升级没有衔接和协调，资金大规模流出反而对国内经济产生了吸血效应，这是日本推进对外投资过程中的重要教训。

教训二：日企出海无法与当地文化和企业充分融合制约其长

期发展。在文化方面，海外工程项目中，员工来自不同国家，缺乏共同的文化基础，具有不同的价值观念、伦理道德、风俗习惯、思维方式和行为方式等。员工之间难以准确理解彼此的思想和行为，往往以各自的文化价值和标准去解释和判断其他文化群体。这种民族中心主义现象普遍存在，大大降低了沟通的速度和效率，增加了跨文化交流的难度和风险，容易造成文化冲突。日本学者曾对一项美日公司联合投资进行了调查研究。研究发现，美国公司希望向亚洲市场拓展，而日本公司则希望扩大技术研发。在投资的早期几年间，双方产生了许多冲突，其中有一种冲突是围绕该产品在日本市场很不受欢迎的问题展开的。美日公司对这一问题的不同反应是一个跨文化冲突的很好例证。在企业方面，日本文化具有鲜明色彩。企业管理以人为中心，企业实行雇佣终身制和年功序列制，员工具有强烈的群体意识和归属感，企业强调和谐一致；与此同时，日企内部等级层次鲜明，要求绝对服从。而欧美等企业文化与此大不相同，它们重视个人，强调个人独立平等和独立发展。日企与国外企业风格迥异制约了其对外并购和整合的成功率。如 1990 年日本松下公司并购了美国 MCA 公司，双方没有及时就企业的领导风格、决策方式等方面进行有效沟通，最终导致了整合失败。

教训三：过于谨慎和精于算计，冒险和开拓精神不足，错失发展良机。日本曾在钢铁、造船、机电、消费电子等产业方面占据世界主导地位，但近年来随着新科技和新产业不断涌现，日本却沉陷于过去的优势，过于谨慎、缺乏开拓，错失了不少大好机会。以电动汽车为例，日本日产公司曾是全球首家推出仅靠电池驱动、能够批量生产电动汽车的汽车制造商。2009 年，其电动掀背车聆风一经推出便大受人们欢迎。但随着世界各国政府和汽车制造商都在大规模投入纯电动汽车研制，日本汽车公司却“执着”地坚守固有阵地。日本汽车制造商和政府机构对电动汽车的潜在盈利能力和环境优势持怀疑态度，继续主导油电混合动力汽车的全球市场，并押注氢能源汽车，希望尽可能利用其在已有技术上的巨额投资获利。这导致日本未能在第一时间迎接时代大潮，当中国、美国、欧盟、韩国等汽车制造商在海外大举进军纯电动汽车时，丰田直到 2020 年初才在日本国内发布首款纯电动汽车。日本汽车制造商已失去在全球纯电动汽车市场的先发优势。

参 考 文 献

1 孙秀玲:《一口气读完日本史》，京华出版社 2006 年版。

2 李秀石:《日本国家安全保障战略研究》，时事出版社 2015 年版。

3 大海渡桂子、『日本の東南アジア援助政策 : 日本型 ODA の形成』、慶應義塾大学出版会 2019 年版。

4 小原雅博、『日本の国益』、講談社現代新書 2018 年版。

5 河瀬誠、『海外戦略ワークブック』、日本実業出版社 2014 年版。

6 [日] 池上裕子著，何晓毅译:《织丰政权与江户幕府：战国时代》，文汇出版社 2021 年版。

4

第四章

维护海外利益的多元途径

第四章

海外利益维护的方式根植于一个国家的国情、文化以及海外资源，这决定了海外利益维护的方式是多元的。一些国家发挥自身特色和海外资源的比较优势，形成了独具特色且行之有效的海外利益保护模式，如英国作为曾经的“日不落帝国”，利用其在全球霸主时期建立起的一套世界性的规则体系来维护其海外利益；印度把广大的海外印度裔人作为纽带来拓展和维护海外利益；以色列则是把情报机构的功效发挥到了极致。这些国家维护海外利益的模式可为中国海外利益保护工作带来些许启示。

英国：善用大英帝国遗产

英国在帝国鼎盛时期曾控制世界陆地面积的四分之一，有“日不落帝国”之称。经过两次世界大战的冲击，英国实力大为受损，不得不交出世界霸主的位置。大英帝国的解体不意味着海外利益的消失，相反，英国发展所需的原材料高度依赖海外，英国企业对外进行了巨额投资，英国民众广泛移居世界各地，因此英国仍有广泛的海外利益。鉴于综合国力有限，英国充分挖掘大英帝国遗产，更多采用非军事手段维护和拓展海外利益。

大英帝国的遗产有哪些？对当今世界影响如何？英国学界和政界对此争议较大，有些观点甚至两极分化。对于保守主义者来说，大英帝国留下的遗产包括全球化、自由贸易、民主制度以及较为发达的铁路、教育和医疗体系。英国历史学家尼尔·弗格森支持这一观点，他在专著《帝国》中称大英帝国为人类进步“作出了重要贡献”。自由主义者和左翼人士则认为，大英帝国遗产包括经济剥削、一些国家丧失主权、“分而治之”带来的政治动荡等。

跳出意识形态和民族情感来看，大英帝国既留下了学校、医院、火车站、军事基地等有形遗产，也留下了议会制、普通法和英语等无形遗产。应该说，大英帝国的无形遗产更为丰富，对后世的影响也更深远。英国内阁大臣戴维·戴维斯 2018 年指出，全球范围内最常用的标准中有 80% 都源自英国。对今日英国而言，最重要的大英帝国遗产体现在三个方面。一是治理模式。即使是在全盛时期，大英帝国也没有单纯靠武力征服世界，而是更热衷于推广法律和秩序。大英帝国时期的政治家认为，尽管炮舰很管用，但国际规则和条约更有用。

二是人脉。英国历史学家斯图尔特·莱科克的研究发现，英国殖民主义者以武力、胁迫、谈判和收购等不同形式“入侵”了全球约 90% 的国家，并先后将近百个国家（地区）变为殖民地，因此英国与被统治国家（地区）有历史、政治与文化上的独特联系，这些联系也是英国施加影响的抓手。由英国殖民主义者创设的罗德奖学金资助世界各地的学生前往牛津大学学习，其获得者中包括南非前总统德克勒克、美国前总统克林顿和澳大利亚前总理阿博特等。

三是思维习惯。大英帝国的“成就”使英国人自信其高人一等，可以“以智取胜”。1944 年，在布雷顿森林会议期间，哈利法克斯勋爵就在英国代表团团长、经济学家凯恩斯耳边低语，“没错，美国人有钱袋子，但我们有脑瓜子”。纵使日薄西山，这个国家也总以“大国”自居，并自认承担多种“国际责任”。英国历史学家西蒙·詹金斯感慨道，“放弃一个帝国相对容易，可摒弃创造这个帝国的思想就相对困难了”。

受大英帝国遗产的影响，英国在维护海外利益时有独特做法和鲜明特色。第一个特色做法可概括为“规制”。尽管大英帝国风光不再，但英国对海外利益的追求仍然与塑造、护持其参与创建的国际秩序紧密联系在一起。英国是二战后所谓“基于规则的国际秩序”的主要设计者和重要建设者。这套国际秩序既包括联合国、国际货币基金组织、世界贸易组织和北约等机构，也包括《联合国海洋法公约》《不扩散核武器条约》等条约和国际法，它体现了英国的理念，维护了英国的利益。北约第一任秘书长、英国人伊斯梅勋爵就将北约的使命概括为“留下美国人，赶走俄国人，管住德国人”。

从具体做法上看，一方面是“维护”，即维护“基于规则的国际秩序”。与美国更多靠硬实力为所欲为的霸道做法不同，英国更愿以软性手段实现目的。做法之一是规劝他国“遵纪守法”。为维护核不扩散机制，自 2003 年起，英国联合法国、德国、美国、俄罗斯、中国等，以统一的外交方式劝说伊朗停止铀浓缩活动。经过 10 多年曲折谈判，各方于 2015 年达成伊核问题全面协议。做法之二是推广自身经验。2008 年金融危机之后，布朗首相向全球推广英国的救市经验，表示世界需要建立一个“新布雷顿森林体系”。2009 年 4 月，布朗首相在伦敦主持召开峰会，主张通过更紧密的国际合作和更完备的金融监管，推动全球经济早日复苏。在布朗的推动下，二十国集团成为处理全球经济事务的主要组织，新兴经济体自此在国际经济事务中发挥了更大的作用。做法之三是借力发展援助。英国致力于通过对外援助使自身在政治上得到支持、经济上有所回报、安全上加强保障。比如，英国将近一半的对外援助预算用于减少“脆弱和易受冲突影响的国家”可能出现的动荡局面，从而减少它们对英国本土及其海外安全的威胁。

另一方面是“塑造”，即设定新标准、推广新规则。英国深谙“建章立制”之道，积极参与国际金融等领域的规范或标准的制定，尤其注重抢抓数据跨境流动、金融科技、人工智能等新兴领域的话语权，以获得先发优势和增强竞争力。英国在以下两个领域的做法较有特色，也取得一定成效。一是数字贸易领域。数字贸易在当今服务贸易中所占比重越来越高，涉及数据的跨境、个人信息保护等重要议题。英国是数字贸易大国，因此在推动制定数字贸易规则方面动作频频，包括在世界贸易组织层面推动数字贸易自由化，促成七国集团成员国达成关于跨境数据使用和数字贸易管理原则的协议，与新加坡签署《英国—新加坡数字经济协定》等。在此过程中，英国坚持维系高标准，并推广“禁止数据存储本地化”等主张。二是反恐领域。随着针对民用航班的恐怖袭击增多，一些国家的高风险机场成为“安全短板”。英国政府意识到，仅靠部分国家“严防死守”还不够，必须使每个国家都执行必要的安全标准。因此，英国在与相关国家的安全对话机制和领导人会晤中增加了“提高航空安全”的内容，并推动联合国安理会于 2016 年 9 月 22 日通过了加强应对针对民航恐怖威胁的决议。

第二个特色做法可概括为“织网”。时任英国外交大臣威廉·黑格认为，当今世界最显著特征是“网络化”，为了适应“网络化的世界”，英国需要充分利用所有的网络关系，执行积极、灵活和特色鲜明的对外政策。的确，在维护海外利益时，英国就像一只勤勉的蜘蛛，既充分利用欧盟、北约、英联邦、七国集团和“五眼联盟”等现有的盟友体系，又不断建设新的伙伴关系网。

一是善于经营情报与安全网络。在情报界，拥有遍布全球的“资产”至关重要，英国的优势在于可以依托“五眼联盟”。“五眼联盟”形成于冷战时期，由美国、英国、加拿大、澳大利亚和新西兰组成。五个成员国都使用英语，同为盎格鲁–撒克逊民族，安全标准和保密体制相似，政治互信度高，彼此间进行了广泛的情报共享。五国的情报机构负责人定期碰头，共同拟定合作重点。他们的合作涵盖信号情报、军事情报、人力情报、执法情报和地理空间情报等。马尔维纳斯群岛战争期间，英国从美国那里获得了大量涉及阿根廷的军事情报，也要求澳大利亚和新西兰监控南太平洋地区的军事通信。斯诺登文件还披露，英国政府通信总部与美国国家安全局合作密切，前者拦截往来西欧与北美的海底光缆，将海量数据与后者共享。两个机构彼此协调，避免对同一份数据重复处理。近年，英国加强与日本的安全合作，成为第一个与日本签署《互惠准入协定》的欧洲国家。英国前首相布莱尔提出吸纳日本加入“五眼联盟”，在英国国内得到较多支持。

二是积极拓展海外驻军网络。海外军事基地是英国维护海外利益、控制战略要道、巩固全球地位和阻止其他大国谋求霸权的关键支点。随着殖民地纷纷独立，英国失去了一些军事基地，但仍保留了 14 个海外领地，并可使用伯利兹、加拿大、肯尼亚和文莱等国的军事设施。其中，英国在地中海东部战略要地塞浦路斯岛上拥有两处“主权基地”。2006 年 7 月，以色列与黎巴嫩的冲突升级，战火殃及滞留在黎巴嫩首都贝鲁特的万余名欧洲侨民。英国执行代号“阿奎拉”的撤侨行动，将 4000 多名侨民转移到塞浦路斯。进入 21 世纪，英国愈发将触角伸向印太地区，而位处“五海三洲两洋之地”的中东国家的重要性凸显。2014 年，英国与巴林达成协议，在该国建立永久军事基地。该基地 2018 年竣工，成为英国 1971 年以来在印度洋建立的第一个军事基地。2020 年，英国宣布扩建阿曼的杜古姆海军基地设施。经过改造，杜古姆可以停泊英国新建的“伊丽莎白女王”号航母。

结束大英帝国时期后，英国在维护海外利益过程中十分注重借助软实力对其他国家的政策产生影响。在国际事务中，英国表现出较强的“议程设置”能力，善于引导国际议题向有利于英国的方向发展。总体来看，英国是少数几个能够结合其外交、军事、情报、人文等多种国家资产，在海外维护自身利益的国家之一。同时，我们也要看到，英国在维护海外利益的过程中，仍存在不少短板。

一是缺乏硬实力基础。19 世纪，全球大部分贸易规则由英国议会制定，最终的“争端解决机制”是英国皇家海军。而布雷顿森林会议的结果是，美国凭借拥有全球三分之二的黄金储备、无人企及的军事和经济实力，用“怀特计划”挫败了英国的“凯恩斯计划”。

二是道德信誉滑坡。2019 年，联合国大会以压倒性多数的投票要求英国将查戈斯群岛归还给毛里求斯，遭到英国拒绝。英国政府不愿遵守与欧盟谈判达成的《北爱尔兰议定书》，试图通过国内立法来推翻该议定书的部分内容。其身不正，何以正人。英国不遵守国际法、搞双重标准，也就难以说服其他国家遵规守矩了。

三是无力“规制”美国。破坏“基于规则的国际秩序”的国家恰恰是英国最亲密、最依仗的盟友美国。特朗普无视世界贸易组织的规则而对一些国家的出口商品征收保护性关税，并阻挠世界贸易组织仲裁机制进行新法官的遴选，导致世界贸易组织争端解决机制陷入瘫痪。英国高喊维护规则与秩序，却对美国的霸道做法无能为力。

俄罗斯:“能源开道”的利益捆绑

俄罗斯拥有世界最广袤的领土，是联合国安理会常任理事国之一，也是世界主要经济体。与其他世界性大国一样，俄罗斯的海外利益广泛、维护手段多样。但作为联合国“五常”里唯一的资源倚重性国家，俄罗斯充分依托能源禀赋，在国际政治舞台上展示出独特的“维权姿态”。当今世界，俄罗斯是除石油输出国组织以外油气资源潜力最大的国家，是世界最大的一次能源出口国和第二大油气生产国。燃料和能源行业是俄罗斯经济发展的支柱，能源行业约占其 GDP 的 25%，能源收入占其预算收入的 40%。2003 年 5 月，俄罗斯政府批准《2020 年前俄罗斯能源战略》，该战略成为日后俄罗斯发展能源产业、维护能源安全和开展对外能源合作的重要指导性文件。该战略开篇直言，“能源是俄罗斯发展经济、推行内外政策的基础。俄罗斯在国际能源市场上的作用很大程度上决定着俄罗斯的地缘政治影响”。

苏联解体后，俄罗斯在原苏联地区构建了三个层级的外交关系，即俄白联盟、欧亚经济联盟和独立国家联合体（以下简称“独联体”）。俄白两国同根同源。早在 1999 年 12 月 8 日，俄白就签署了建立联盟国家条约。该条约经两国议会批准后于 2000 年 1 月 26 日正式生效，标志着两国开启全方位一体化进程。[1] 普京

1 《俄白联盟国家建设取得突破意义几何》，新华网，2021 年 11 月 5 日，http://www.xinhuanet.com/2021-11/05/ c_1128036079.htm。

2000 年上台后不久，西方就着手在原苏联地区煽动“颜色革命”。[2] 为了颠覆白俄罗斯卢卡申科政权，2004 年美国政府拨款 8900 万美元用于支持白俄罗斯的独立媒体、反对派、国内组织和商业团体。2005 年美国参议院又宣布将专门拨款 500 万美元用于资助白俄罗斯的反对派。[3] 在这种局面下，白俄罗斯顶住压力、“面不改色”。面对真诚的盟友——白俄罗斯，俄罗斯予以丰厚回报，不仅以优惠价格供应白俄罗斯自用的能源，还允许其加工后再出口。在俄罗斯的扶持下，石油化工产品成为白俄罗斯外贸支柱产业。凭借俄罗斯的能源补贴，白俄罗斯得以维持高福利社会体系，这也是卢卡申科成功抵御第一波“颜色革命”的重要原因。

欧亚经济联盟是俄罗斯在后苏联空间的第二层利益圈。俄罗斯总统普京认为，俄罗斯作为单独一国不太可能成为世界“独立一极”，只有通过整合地区国家，才能立于世界之林。俄罗斯在欧亚地区的主要抓手有两个，一个是欧亚经济联盟，另一个是独联体集体安全条约组织，后者是“硬”的一手，前者是“软”的一手。在和平年代，“软”的一手往往更能发挥成效。因此，欧亚经济联盟是普京 2.0 时代的工作重点。2015 年，经过多方博弈，

---

2 《俄白联盟国家建设取得突破意义几何》，新华网，2021 年 11 月 5 日，http://www.xinhuanet.com/2021-11/05/c_1128036079.htm。

3 《必须高度警惕和防范“颜色革命”》，新华网，2016 年 2 月 26 日，http://www.xinhuanet.com/politics/2016-02/26/c_128755417_2.htm。

欧亚经济联盟正式成立。除俄罗斯以外，成员国还包括中亚地区的哈萨克斯坦、吉尔吉斯斯坦，南高加索地区的亚美尼亚以及东欧的白俄罗斯，这些都是俄罗斯的重要合作伙伴。欧亚经济联盟成立后，俄罗斯动用各种手段维护自身利益，油气杠杆是主要手段之一，具体而言分为油气贸易和油气资本。从油气供给上看，俄罗斯是经济联盟内最大的供给方，几乎是哈萨克斯坦天然气、柴油和汽油缺口的全部供给，是吉尔吉斯斯坦、亚美尼亚两国柴油和汽油缺口的全部供给。从油气资本上看，俄罗斯也是经济联盟内的最大投资方。以吉尔吉斯斯坦为例，2013 年，俄罗斯天然气工业公司以象征性的 1 美元收购负债 3100 万美元的吉尔吉斯斯坦天然气公司全部股份，保障吉尔吉斯斯坦天然气供应。2014 年，俄罗斯收购吉尔吉斯斯坦比什凯克石油公司。油气领域的庞大存在丰富了俄罗斯对吉尔吉斯斯坦的塑造手段。2020 年 10 月，吉尔吉斯斯坦发生大规模骚乱。俄罗斯以“断气”施压，有效促使吉尔吉斯斯坦局势向着有利于俄罗斯的方向发展。

乌克兰是原苏联地区重要国家，也是俄罗斯外交重点。乌克兰天然气储量匮乏，对俄罗斯能源依赖很大。另外，欧盟国家约四分之一的天然气从俄罗斯进口，其中约 80% 经由乌克兰输送。俄乌关系融洽时，俄罗斯向乌克兰提供廉价天然气。俄乌关系紧张时，俄罗斯挥舞“能源大棒”适时敲打乌克兰。2004 年乌克兰爆发“橙色革命”，乌克兰政府扭转外交基调，谋求加入北约与欧盟，与俄罗斯在克里米亚海军基地等问题上龃龉不断。俄罗斯认为再没必要为“疏俄倒西”的乌克兰经济买单，开始涨价断供。这场“斗气风波”延续日久，并随着乌克兰局势跌宕起伏。2010 年两国经过马拉松式谈判后达成共识：俄罗斯同意在原合同价格基础上降价约 30% 向乌克兰出售天然气，而乌克兰同意把俄罗斯黑海舰队的驻扎期限延长 25 年。虽然从表面看，俄罗斯在这场“斗气”博弈中似乎没有取得更多经济实惠，但与日后愈演愈烈的克里米亚危机相比，俄罗斯实现了军事力量在黑海北岸存在这一战略目标，实属“花小钱办大事”。

20 世纪以来，俄罗斯与欧盟一直“相爱相杀”，能源合作是影响俄欧关系的核心要素。欧盟作为世界上最大的天然气消费地区，其能源结构中的四分之一来自天然气，年需求量高达数千亿立方米。2019 年，俄罗斯天然气出口量为 2369 亿立方米，其中对欧出口量为 1926 亿立方米，占比高达 81%。同时俄罗斯是欧盟最大的天然气进口来源国，超过欧盟进口总量的 40%。近年来，相较于德国、法国、意大利等“老欧洲”国家，以波罗的海国家、波兰等为主的“新欧洲”国家排俄立场坚定。为分化新欧洲和老欧洲，俄罗斯再次动用了“能源杠杆”。例如，俄罗斯借助“北溪”天然气管道项目锁定德国、法国、荷兰、奥地利等国家主要市场，继续塑造“老欧洲”国家。2022 年 7 月，德国联邦议院气候保护和能源委员会主席克劳斯·恩斯特表示，目前德国仍然需要俄罗斯的天然气供应。在没有其他选项时，德国政府应该授权将已建成的“北溪-2”天然气管道项目投入运营，以缓解当前的能源危机。2022 年 9 月，数千人在德国科隆游行示威。部分抗议者指出，德国对俄罗斯实施的制裁导致能源价格和生活成本上涨，民众生活受到很大影响。

东南亚也是俄罗斯较为关注的地区。以越南为例，俄罗斯与越南的油气合作是两国政府外交战略的基础，亦是维系两国战略伙伴关系的重要手段。目前在越南油气上下游领域拥有合作项目的 30 多家外国公司中，首屈一指的是一家在国际上没有太大名气的俄罗斯国有企业——俄罗斯境外石油公司。这家公司成立于 1967 年，专门从事苏联（俄罗斯）境外的石油项目，而且都是政府间协议而非商业合同。早在 1981 年，俄罗斯境外石油公司同越南国家石油公司成立了合资的苏（俄）越石油公司，开启了越南现代石油工业。据悉，1981—2009 年，苏（俄）越石油公司累计向越南国库上缴 280 亿美元，几乎占据越南石油开采业的半壁江山。2021 年，俄越石油公司的财报显示，其石油和天然气业务总收入超过 16.84 亿美元，达到年度计划的 149%。其中，仅向越南财政纳税就达到了 9.22 亿美元，超出计划的 3.17 亿美元。不过，俄罗斯境外石油公司的神秘之处不在于其经济实力，而在于其强力部门背景。苏联解体后，俄罗斯境内的石油资产曾几乎被瓜分完毕，但境外石油公司从未进行私有化。普京上台后，这家公司被牢牢掌握在俄罗斯强力集团手中，成为俄罗斯对越战略的重要棋子。

印度：挖掘海外印度人资源

印度作为全球最大的移民来源国，有着庞大的侨民、移民群体散居在全世界。目前，他们在印度官方概念中被统称为“海外印度人”，分为“非常住印度人”和“印度裔人”两大类。简单而言，前者指在一定时间内常住海外的印度公民，也就是通常意义上的印度侨民；后者则是在印度出生或有血缘、姻亲等关系，但不是印度公民的海外人士。根据印度外交部统计，海外印度人总规模约 3214 万人，其中非常住印度人约 1346 万人，印度裔人约 1868 万。规模庞大、侨民占比高是海外印度人群体的重要特征，这既是构成印度海外利益的重要部分，也是印度维护和拓展海外利益的关键资源。

印度政府对海外印度人的关注经历了从保障海外劳工权益到借势追求大国地位的转变。

海外劳工在海外印度人中占有相当的比例。据联合国 2017 年统计，其规模已接近 1700 万人。海外劳工为印度带来侨汇收入，这本身就构成了印度海外利益的一部分。世界银行第 37 期《移民与发展简报》指出，2022年印度侨汇收入将创下新纪录，达到1000亿美元，并继续领跑全球。传统情况而言，印度海外劳工主要在海湾国家从事低技能、低收入的职业，通常是一些“脏、难、险”的工种，因此保障劳工在海外的安全生产生活、合法劳动收入是印度海外利益保护的重要内容。在这方面，印度政府先后出台了一些法规，设立了专门的管理机构，创建了保护海外劳工的工作机制，同时与海湾地区劳务输入国签署了相关双边协议。

近年来，随着海外印度人更多地转向美国、英国、澳大利亚及东亚、东南亚地区的中高收入国家从事高技术工作，印度侨汇结构亦发生转变。据世界银行统计，从2016—2017财年至2020—2021财年，印度从美国、英国和新加坡流入侨汇占比自26%升至36%，从沙特阿拉伯、阿联酋、科威特、阿曼和卡塔尔海湾5国流入侨汇占比自54%降至28%，美国超过阿联酋成为印度第一大侨汇来源国。在高收入国家的海外印度人经济社会状况较好，印度政府对于这部分海外印度人的政策重点不再是保障其权益，而是强化彼此之间的联系，例如采取设立“海外印度人节”、颁发“海外印度人奖”、推出“海外印度公民计划”授予其部分公民权利等一系列措施。

印度逐渐将海外利益关注重点转向在高收入国家的海外印度人，不仅因为高收入国家流入的侨汇比重升高，更是因为随着印度自身经济增长，侨汇收入虽然连年攀升，但其对印度经济整体的重要性却呈下滑态势。世界银行数据显示，2008 年个人侨汇收入占印度 GDP 的比重达到印度经济自由化改革以来最高的 4.2%，之后开始回落，到 2021 年这一比例已降至 2.8%。可见，经济因素只是印度海外利益保护重点转向的小部分原因。除经济因素外，印度关注在高收入国家的海外印度人，还更多地与其对大国地位的追求有关系。

事实上，在高收入国家的海外印度人不仅拥有较好的经济、社会地位，政治影响力也与日俱增。以美国为例，印度裔人口已经成为全美社会经济条件非常好的少数族裔之一：2019 年，印度裔居民中 43% 的人拥有研究生学历，而美国本土居民这一比例为 13%；82% 的印度裔人熟练掌握英语，高于亚裔人整体水平（72%）；印度裔人家庭年收入中位数为 12 万美元，远高于全美中位数 7 万美元。《2020 海外印度人商业领袖榜》统计，59 名印度裔高管在美国、加拿大、英国和新加坡等 11 个国家的众多企业雇佣超过 360 万员工，拥有市值达 4 万亿美元，创收 1 万亿美元。美国副总统哈里斯、英国首相苏纳克等一批印度裔政要的崛起更是凸显了海外印度人在政治上的成就。

因此，对于印度而言，在高收入国家的海外印度人意味着人才、投资、商业机会乃至政治影响力，这是印度在追求大国地位的过程中极为看重的依托。早在 2013 年，印度政府当时设置的海外印度人事务部就在其年度报告中提出，海外印度人“不一定都需要作出经济贡献，也不一定要回国效力，他们可以作为桥梁，提供通往各国市场的途径；成为投资、专业技能、知识和技术的来源；他们可以塑造移民和发展的进程，并有助于明确地表达母国和所在国之间政策一致性的需要”。

目前来看，影响和塑造双边关系是海外印度人对维护印度利益发挥的最突出作用。20 世纪与 21 世纪之交，印度因进行核试验遭到美国经济制裁，不久印巴爆发卡吉尔冲突。随着阿富汗战争打响，美国又将巴基斯坦提升为“主要非北约盟友”。与巴美关系的热络相比，印美关系一度陷入冷淡。在推动印美关系回温的过程中，印度裔美国人发挥了重要的作用，特别是其通过美国国会中的“印度连线”，在美国政界广泛宣传印度主张，辅以在美国本土各大媒体阐释美印关系重要性，最终促成了《美印民用核能合作协议》的签署，使美印关系达到了一个全新的高度。当今，印度裔美国人通过参政、竞选、舆论，日益成为美国政治中一支不可忽视的力量，并构建起一个强大的游说集团。受此影响，在美国第 117 届国会中，“印度连线”成员已多达 110 名，两党议员均有参加。印度裔议员阿米·贝拉直接推动议案，要求在 180 天内制定印美防务战略。据《2021 海外印度人政府领袖榜》统计，拜登政府中有 54 位印度裔人担任要职。

尽管印度政府对海外印度人的热情似乎越来越高，但是就海外利益保护途径而言，海外印度人并非“万能法宝”。

事实上，这个概念本身存在着缺陷。用“海外印度人”统称印度侨民和印度裔人，表明印度政府有意用单一的身份认同统摄两者，以激发他们对印度国家的某种责任感。2005 年，印度政府推出“海外印度公民计划”，赋予海外印度裔人部分公民权利，并以此逐步替代原有的“印度裔人卡”管理体系。对于“公民”这一概念有意、无意的误用，是印度政府塑造单一化“海外印度人”身份的又一种尝试。然而，考虑到法律身份不同的两类海外印度人与印度国家的权利、义务关系，印度政府明白他们在印度海外利益中所处的层次应当有所区别，否则就会引起政策上的含混和错配。

在经济方面，印度海外劳工群体依然庞大，他们在海外的经济社会处境仍旧艰难，而他们大多持有印度国籍，十分依赖印度政府的领事保护。随着劳工侨汇在印度经济中的作用日益降低，而印度政府又正在大张旗鼓地将在高收入国家的海外印度人作为拓展海外利益的资源和途径，使得这些劳工更有理由担心自身权益在印度海外利益保护体系中的权重减少。早在 2003 年，印度人民党瓦杰帕伊政府试图推出“双重国籍”政策，头两批允许“双重国籍”的共计 18 个对象国均为中高收入以上的国家，表现出明显的工具性和偏向性。但实际上，海外劳工群体的侨汇贡献虽然有走低之势，但其庞大规模以及对印度国内就业压力的缓解作用不应被忽视。

此外，毛里求斯作为GDP达百亿美元规模的岛国，却长期是印度的外国直接投资的主要来源国之一。考虑到该国规模庞大的印度裔人口，这也让人不禁质疑资金流的合规性和借助海外印度人引资政策的真实有效性。

在外交方面，通过海外印度人塑造双边关系也并不能“一招鲜，吃遍天”。诚然，印度裔美国人在推动印美关系发展的过程中发挥了显著作用，但不能忽视冷战结束后国际格局演变和美国对外战略转型的时代大背景。其实，当特朗普政府限制H–1B签证时，印度裔美国人并未发表太强烈的批评，这表明他们的利益与印度政府的优先关切并不总是一致。相反，海湾国家中印度劳工规模虽然庞大，但很难发挥类似印度裔美国人对外交关系的作用。2015年印度政府为保障海外劳工权益，推出针对外国雇主的电子管理系统，却引起了阿联酋等国反对。实际上，印度对海外劳工的权益保护离不开东道国的合作，但同时又面临着孟加拉国等国劳务输出的竞争压力。由上可见，在高收入国家的海外印度人并不总是随印度政府的一厢情愿而动，而海外劳工对印度与海湾国家关系的影响更加复杂和微妙。

不仅如此，当印度政府热情推广“海外印度人”概念并借此维护和拓展海外利益之时，对于毛里求斯、斐济、圭亚那等有着巨大甚至主体性印度裔人口的国家而言，这一概念对这些国家的印度裔公民在政治和身份认同上的冲击是何其之大。这也许本就在印度的政策设计之内，但很可能制造出印度政府非预期的后果。

在国内政治方面，海外印度人单一身份背后暗含的民族主义话语，尤其近年印度人民党为之赋上的印度教色彩，恐怕也会导致更多的非预期后果。海外印度人从经济、宗教、文化和世代上都存在差异性，他们对印度的认同有相当部分是出于亲缘和文化，而非政治。卡内基国际和平基金会在 2021 年的报告中指出，39% 的海外印度人受访者并不认可印度政府，认同印度政府者仅占受访者的 36%。事实上，北美印度裔锡克人群体是印度国内锡克教分离主义运动在政治和经济上的重要支持者；北美许多印裔群体虽然因印度教认同而与印度人民党及印度教民族主义势力亲近，但同样也有许多印度裔人对印度教民族主义保持警惕，这也正是 2008 年时任古吉拉特邦首席部长的莫迪赴美遭到拒签的一大原因。

另外，2010 年印度推出的《人民代表法（修正案）》赋予印度侨民投票资格，这使与印度侨民联系密切的古吉拉特邦及印度人民党大获裨益，并为印度人民党在下届大选中的胜利奠定了基础。伴随与此，喀拉拉邦、泰米尔纳德邦等侨乡的“侨民选票政治”兴起，但这也加剧了政治的分裂。

在国家安全方面，印度政府对海外印度人政策也始终抱有某些“深虑”。很长一段时间以来，印度政府都把南亚国家公民排除在其给予海外印度人的便利政策之外，对伊朗等国公民也有所限制。2005年以后，印度政府才逐步放宽限制，但仍然不包含巴基斯坦、孟加拉国。而与此相对照，印度人民党政府2019年推出《公民身份法》，给予孟加拉国、巴基斯坦、阿富汗的6个少数宗教（印度教、锡克教、佛教、耆那教、拜火教、基督教）社群申请印度公民身份的资格，并将其居住或服务年限要求从11年缩短为6年。除了有缓解印度东北部长期存在“非法移民”问题的需求，《公民身份法》也明显暗含着印度人民党借移民群体扩充票仓的动机。可见，印度政府在海外印度人政策上所谓的国家安全考虑，混杂着地缘政治思维、殖民主义遗产和印度教民族主义偏见等因素，并受到选票政治的影响。

综合来看，印度以海外印度人为纽带维护和拓展海外利益，在外交影响力方面收效较好，在经济上也有所获，但是“海外印度人”概念本身有内在缺陷，从而导致相应政策出现取向不公平、手段不适配。近年来，印度“大国梦”背景下印度教民族主义风头日盛，但这恐怕只会加剧“海外印度人”概念对印度海外利益保护政策的误导，对印度国家安全也同样难言有利。

以色列：摩萨德的手段

以色列是一个特殊的国家，其国土面积和人口规模微小，地缘环境极其复杂。自古以来，以色列的主要族群——犹太人苦难深重。公元 70 年犹太人被罗马人赶出巴勒斯坦地区，流散长达 2000 年之久。19 世纪，犹太人回迁巴勒斯坦，又受到阿拉伯民族敌视和排挤。尤其在二战时期，纳粹德国对犹太人实施惨绝人寰的种族灭绝，导致犹太民族支离破碎，流落各地。直到 1948 年以色列建国后，犹太人数量才逐渐增加，海外幸存的犹太人多数移居美国、欧盟、俄罗斯及巴勒斯坦等地。多舛的命运和锥心的仇恨深深烙刻在以色列人的历史记忆中，迫使以色列人形成极度敏感的心理特性和生于忧患的安全意识。他们对抗危机的方式也带着鲜明极端的特点，特别是在与巴勒斯坦数十年的对峙中，体现了以色列的强硬政策，印证了以色列顽固坚守的国家信条：生存安全第一。

近年来，以色列海外犹太人口不断增长，遍及世界各地；以色列海外政治、经济和科技影响力飞速提升。凭借多年的对外经营布局，以色列赢得了丰厚的海外利益，但同时也面临着更多的地区冲突、更复杂的地缘形势和更艰巨的海外利益安全保卫任务。为了避免使国民安全重蹈惨痛的历史覆辙，维护建国 70 多年来的海外利益成果，以色列在保护海外安全的手段上同样延续极端强硬的理念，甚至不惜出动该国核心情报组织——摩萨德，协助政府保卫海外利益安全。

摩萨德，全称以色列情报和特殊使命局。1949 年，在犹太复国运动兴起的背景下，时任以色列总理古里安成立该情报组织，1951 年正式更名为以色列情报和特殊使命局（摩萨德）。摩萨德与美国中央情报局、英国军情六处、苏联国家安全委员会（克格勃）并称为“世界四大情报组织”。其麾下特工来自世界 80 多个国家，通晓 100 多种语言，采取暗杀、放毒、破坏、绑架等极端手法，行动风格素以大胆、铁血、狠辣闻名，直接听命于以色列总理。自成立以来，摩萨德完成了很多震惊世界的行动，包括窃取赫鲁晓夫在苏共二十大的反对斯大林的秘密报告，引发反苏风潮；策反伊拉克飞行员获得苏制米格–21 战机；协助军方打赢第三次中东战争等。但诸多“壮举”背后，人们恰恰遗忘了摩萨德在维护以色列海外利益安全方面，所作出的至关重要甚至不可替代的贡献。

摩萨德擅于运用综合情报手段开展活动的优势，在维护海外安全上体现得淋漓尽致，最终都卓有成效地保护了海外公民的安全，维护了以色列的海外利益，这其中举世瞩目的案例不胜枚举。

历史上，“侨民”特工一直是摩萨德保护海外利益的惯用手段。比如该组织中的情报大师伊莱·科恩就是出生在埃及的犹太侨民。他怀揣犹太复国主义理想，在 20 世纪 60 年代效忠并受训于摩萨德，后化身富商，进入叙利亚境内。他左右逢源，利用早年在阿根廷、埃及等国积累的人脉资源，结交叙利亚军政高官、商人、记者等各界人士，甚至与叙利亚前总统阿明·哈菲兹建立友谊。在伊莱·科恩的周旋下，摩萨德获得大量涉及以色列海外利益的情报。1963年，伊莱·科恩以效劳叙利亚戈兰高地站岗的士兵为由，掷重金为士兵种树乘凉。通过这一方式，他成功绘制出叙利亚军在戈兰高地的布防图，维护了以色列的海外军事利益。1964年，阿拉伯国家的领导人在埃及开罗召开首脑会议，提出“约旦河改造计划”，企图遏制以色列的水资源。为了保住犹太人生存的水源地，伊莱·科恩凭借叙利亚国防部副部长候选人的身份，接触到该项目负责人哈图母上校，成功获得项目图纸和计划书，并在5个星期内，连续向摩萨德发送31份电报，使以色列政府提前掌握叙利亚计划沿戈兰高地修建河渠的具体方案，随即出动战机轰炸河渠沿线，迫使该计划流产。实际上，摩萨德长期利用移民国家的特殊优势，在世界各地特别是欧美和中东国家培植“侨民”特工，展现了以色列政府运用情报机构维护海外利益安全的大胆部署和深远布局。

摩萨德协助以色列政府维护海外利益的重大贡献还体现在该组织面对恐袭等突发危机时，会动用一切超越底线的手段保护海外公民的安全。为人熟知的是20世纪70年代以色列发起的“上帝的复仇行动”（亦称“天谴行动”）。1972年，巴以矛盾激化，巴勒斯坦民族解放运动下属的激进组织“黑色九月”在慕尼黑奥运会期间绑架并杀害11名以色列运动员。时任以色列总理梅厄夫人震怒并发起报复计划。她命摩萨德成立暗杀小组，对“黑色九月”11名成员进行长达20年的追杀。其间，摩萨德特工乔装成各领域人员以掩人耳目，对暗杀对象实施追踪诱捕、近距离击杀、引爆住所和汽车炸弹等手段，过程艰险、牺牲惨重。暗杀小组成员在仅剩2名的情况下，最终完成了复仇任务。

真正使摩萨德名震世界的事件是“恩德培行动”（亦称“霹雳行动”）。1976年6月27日，10名巴勒斯坦解放组织和德国红军旅的恐怖分子劫持了一架飞往法国的客机，绑架该机106名犹太人质，并迫使航班转停乌干达恩德培机场。为解救人质，摩萨德联合以色列军方策划了一场营救奇袭。280名士兵组成的突击队乘C-130运输机降落恩德培机场，在预先埋伏于机舱的车队的护送下，迅速定位被劫持航班，向恐怖分子发起扫射，最终成功解救102名人质。

摩萨德在保障海外公民安全方面，善做长期战略布局，开辟秘密据点和撤离通道，联合政府机构、作战部队和国际国内各方资源共同行动。二战后，犹太人在全球的数量锐减，部分犹太移民居住在非洲地区和中东地区的落后国家。受地区政局动荡、社会混乱影响，犹太人的生存安全难以得到保障。在此形势下，以色列政府开始了漫长的全球犹太人“归心”之路，逐渐吸引大批海外犹太移民回国。1980年以色列的“红海行动”就凸显了摩萨德在维护海外人员安全中的周密部署、步步为营。

20世纪80年代，红海之滨阿罗斯出现了一个潜水度假村，那里风景宜人，世界各地的潜水爱好者纷至沓来，但不为人知的是这个度假村实际是由摩萨德设立和经营的伪装公司，目的是将此处作为掩护据点，对被困在苏丹难民营中的埃塞俄比亚的犹太难民实施救援。由于苏丹是敌对以色列的国家，因此这项救援任务只能秘密进行。在 1980 年后的 4 年间，摩萨德投资翻新度假村，雇佣大批特工人员乔装侍从，联合以色列“翠鸟”突击队，“明修栈道，暗度陈仓”，前后发动了 20 余次秘密行动，成功营救和护送了 1 万多名埃塞俄比亚的犹太难民回国。在救援难民途中，摩萨德遭遇了难以预料的困难和阻力。一面要躲避苏丹政府军的追堵，一面要在交通工具简陋、匮乏的条件下穿越沙漠，最终登上返回以色列的海上军舰。1984 年 11 月至 1985 年 1 月，摩萨德遵照以色列政府“摩西行动”的指示，成功“做通”埃塞俄比亚政府和苏丹政府的工作，联合美国情报机构和军事机构、苏丹军队，将 7000 多名埃塞俄比亚的犹太难民空运回国。在 1991 年“所罗门行动”中，摩萨德再次协助抢运 14000 多名犹太难民，其中 1 架以色列波音 747 飞机更是创下单次运载 1122 人的奇迹。

近年来，伴随国际局势深刻复杂变化，大国博弈和国际竞争不断加剧。作为身处中东地缘政治敏感地带的国家，以色列与伊朗、阿拉伯多国积怨已久、龃龉不断，随时可能触发地区危机。对以色列而言，海外利益保护的使命从维护海外犹太人的利益，拓展到捍卫国家主权和人民安全的宏观范畴，其内涵更加丰富，面临的形势也更加复杂和严峻。作为该国的情报“心脏”，摩萨德也承担着发展综合性、多元化的情报功能体系的重任，在协助维护海外利益安全的过程中，更有效地协同政治、外交、军事等各部门、机构，运用新技术手段发挥独特价值。

当前，以色列最大的担忧莫过于邻国伊朗的核威胁，这是以色列生死攸关的“命门”。多年来，以色列一直寻求美国的庇护，在伊核问题上与伊朗拉扯周旋。自 2018 年美国单方面撕毁伊核问题全面协议，并宣布加紧对伊制裁后，以色列日益担忧伊朗加速积累核材料——铀，会对以色列的安全利益构成威胁。于是以色列政府出动摩萨德，针对伊朗实施了一系列监视和防御行动。如设置侦察卫星，在伊朗上空全天候探测；在与伊朗接壤的伊拉克库尔德地区设立摩萨德情报站，随时捕获情报；潜伏在伊朗的摩萨德特工，随时待命准备转移当地的犹太人，并秘密勘察撤退路线，以备以色列突击队“登陆”使用；与摩萨德关系密切的以色列“翠鸟”突击队，多次模拟伊朗环境培训演练，以便随时执行“撤侨计划”。近年内，伊朗多次公开指责以色列政府命令摩萨德对其升级“影子战”，称摩萨德不仅涉嫌暗杀伊朗核物理学家、航空学家等专业人士，还多次攻击伊朗首都德黑兰的网络系统，机场、铁路等通行检查系统，以及伊朗核浓缩厂的电力系统。不难看出，摩萨德向伊朗发出的所有威慑都体现了以色列在维护自己国家海外利益安全上的不遗余力。

美国情报部门的官员曾评价摩萨德组织：“如果说以色列是一只灵敏而凶猛的苍狼，那么摩萨德就是狼身上的利爪。”摩萨德作为忠诚效命以色列的“利爪”，为维护国家海外利益安全参与过暗杀、绑架、盗窃等极端活动，也充当过裁判官、刽子手、军师、联络员等各类角色，其中很多角色都无法公开，但在关键时刻却发挥了至关重要的作用。2022 年 2 月发生的俄乌冲突能充分印证这一说法。摩萨德肩负“秘密外交联络员”的职责，巧妙地维护了以色列在俄罗斯和乌克兰的海外利益。

以色列约五分之一人口有俄罗斯或乌克兰背景，而俄罗斯和乌克兰境内生活着大量的以色列人。他们经商、教学、从事技术工作，甚至在政府机构担任要职。同时，以色列与两国农业、旅游业、高科技产业贸易合作密切。多年来，以色列与俄罗斯、乌克兰海外利益纠葛颇深，在俄乌冲突的冲击下，以色列在俄罗斯、乌克兰的海外利益遭受严重损失，特别是海外公民的安全受到极大威胁。据以色列“国家移民促进协会”统计，2022 年俄罗斯和乌克兰有 4.6 万多人移民至以色列，与 2021 年相比，这一涨幅达 316%。随着冲突不断升级，以色列与两国的摩擦也逐渐加剧。在一连串矛盾之后，以色列总理贝内特决定秘密赴俄与普京谈判，以保全以色列在俄罗斯、乌克兰的海外利益。摩萨德发挥沟通协调作用，为两国搭建起“隐形桥梁”。在前期一番准备后，摩萨德为贝内特安排了一条绝对安全的行程路线，并与俄方敲定会谈时间。2022 年 3 月 5 日，贝内特搭载摩萨德准备的私人飞机，抵达莫斯科与普京会谈。随后，在摩萨德护送下，贝内特又赴德国与舒尔茨会谈，争取多方力量为俄乌停火进行调解。俄乌冲突一年后，以色列仍然保持与俄罗斯、乌克兰的关系，其在两国的企业和人员安全得到了一定保障，经济合作也维系着较好的发展预期。这一成果的取得，摩萨德功不可没，它弥补了以色列外交、军事、经济部门在维护海外利益安全上的短板。

在摩萨德的努力协助下，以色列近年的对外投资不断攀升，海外合作日益密切，海外人员发展前景更加广阔，尤其是海外犹太人的安全利益得到有效保障。据以色列中央统计局统计，截至 2021 年 9 月，以色列的海外犹太人已达 830 万。一方面，中国应借鉴以色列在维护海外利益安全问题上的战略谋划、前瞻预警和周密防范，特别是运用综合手段、发动各方力量，与时俱进、坚持不懈地守护国家安全。另一方面，以色列利用摩萨德维护海外利益安全的手段，夹杂着无所不用的极端行动，损害了他国的安全和发展利益，更与中国倡导的“共同、综合、合作、可持续”安全观背道而驰，既有损以色列的国际形象，也不利于其海外利益安全的长远维护。

参 考 文 献

1 [英]戴维·雷诺兹著，廖平译:《英国故事：从11世纪到脱欧动荡，千年历史的四重变奏》，中信出版集团2021年版。

2 [日]中西辉政著，王敬翔译:《大英帝国衰亡史》，湖南人民出版社2018年版。

3 季志业主编:《俄罗斯、中亚“油气政治”与中国》，黑龙江人民出版社2008年版。

4 [以]迈克尔·巴尔-左哈、尼西姆·米歇尔著，李建波、王赛、杨洋译:《摩萨德：以色列秘密情报组织重大行动》，中国人民解放军出版社2014年版。

5 Ajay K. Mehra,"Emerging Trends in Indian Politics", New Delhi:Routledge, 2010.

6 Gordon Thomas, "Gideon's Spies: The Secret History of the Mossad", St. Martin's Griffin,2000.

7 《俄白联盟国家建设取得突破意义几何》，新华网，2021年11月5日，http://www.xinhuanet.com/2021-11/05/c_1128036079.htm。

8 《必须高度警惕和防范“颜色革命”》，新华网，2016年2月26日，http://www.xinhuanet.com/politics/2016-02/26/c_128755417_2.htm。

5

第五章

海外公民的万里归途

历史实践表明，海外侨民对国家海外利益的拓展有着极其重要的作用。全球化背景下，海外侨民为国家带来了可观的经济、文化与社会效益，甚至是一些国家维系自身全球影响力的重要依托。但相比国内，海外侨民置身于几乎完全陌生的异国他乡，面临着复杂乃至凶险的外部环境，更容易遭受不法侵害。缘此，许多国家将保护海外公民列为外交与领事工作的首要任务，大力推进海外人员安保机制建设。

海外人员安全以“人”为核心，包括生命健康、私有财产、司法救济等有关个人生存发展的一系列内容。由于海外侨民遭受的侵害大多处于一国管辖权所不能及之地，国家需要协调动用更多的经济、外交、文化乃至军事资源予以保护。本章聚焦于海外人质营救与撤侨两个重要议题，探讨历史与当前主要国家海外人员安全保卫制度与实践的得失，并以此为引，深入理解我国海外安保机制建设的成果与探讨未来发展完善的方向。

保护他乡游子

虽然不同国家的经济水平、政治立场、外交需求等都有差异，其海外利益的内涵也不尽相同，但可以肯定的是，海外公民的人身安危与合法权益是各国海外利益的基础性、共识性内容。无论是老牌资本主义大国，还是新兴国家，都十分重视海外公民的安全问题。海外公民一般是指具有一国公民身份，但居留于该国领土之外的人。其中，国家公民的身份取决于此人持有的国籍，而非本人的民族、血统或祖籍。因此一国的海外公民既可能是该国土生土长的国民，也可能是获得了该国国籍的“外国人”。

保卫海外公民最基本的手段是领事保护。领事保护最初起源于 5 世纪，在当时特指各国远走他乡协助裁定纠纷、保护国际贸易活动的商人群体。历史上，领事保护的发展经历了两次高潮。第一次开始于 18 世纪，此时西方国家的殖民热潮与国际贸易的蓬勃发展推动了国家间的人员交流。为了有效保护日益庞大的海外公民群体，英国、法国、西班牙等资本主义国家相继建立了适配本国海外殖民需求的领事工作体系。这一时期的领事保护带有浓厚的殖民色彩，并严重依赖国家的军事实力予以维持。历经两次世界大战后，欧洲列强无力维系自己的海外殖民地，这种不平等的领事保护机制也随着全球殖民体系的瓦解而灰飞烟灭。

领事保护的第二次发展始于20世纪90年代。冷战结束后，全球化将各国更加紧密联系的同时，也导致一系列非传统安全问题的产生及恶化，使各国海外公民面临更加广泛、严峻的安全风险。随着海外同胞遭受侵害的事件不断增加，民众越发重视政府在海外安全保卫中的履职成效。同时人权理念的兴发也为海外公民保护提供了理论基础。在社会思潮的逐步转变下，许多国家开始意识到海外公民的安危事关自身执政合法性与支持率，进而会推动本国领事保护体系的改革。各国普遍将保障海外公民的安全设为外交工作的首要任务。许多国家，特别是西方发达国家在这一时期形成了沿用至今的领事保护机制。

经过一系列改进后，发达国家的领事保护机制显示出了新的特征。领事保护的范围更加广泛，从集中关注海外突发事件的事后救济，发展到覆盖海外公民保护的“全过程”。发达国家利用信息技术优势建设海外安全预警信息平台，为将要出境的公民提供安全预警。在一般人身安保的基础上，发达国家将海外公民的刑事与民事权利、旅居政策便利、宗教活动自由等纳入领事保护的内容。同时领事保护的力度显著加强，例如当海外公民被捕时，很多国家对通知、探视等保护行为的时效性提出了更高要求，甚至超越了《维也纳领事关系公约》的规定，强制使领馆履行领事保护的职责。例如美国公民被逮捕时，美国使领馆应当在48 小时内进行探视，并密切关注驻在国是否存在拖延告知或其他违反领事公约的行为，如有则应立即提出抗议。领事保护的完善还体现为保护机制的体系化发展，如英国外交部设立“囚犯中心”，为身陷囹圄的海外公民提供审判程序核查、刑讯逼供救济、狱中生活保障等“一站式”服务。

除了领事保护外，西方国家还积累了许多维护海外人员安全的“间接手段”。西方国家的全球影响力就是其维护海外侨民安全的“法宝”之一，如法国因其殖民历史，对西非法语国家仍然有相当的影响力，并借此从当地获取更多资源与协助，以保障侨民安全。在对原殖民地国家进行经贸、投资等经济影响力的加持下，英国、法国等国经常祭出“胡萝卜加大棒”政策，敦促他国政府协助其保障侨民利益。西方国家还探索发展非政府主体参与维护海外人员安全的模式，如英国外交部通过派驻官员、提供培训等方式，让国内外非政府组织、民间慈善机构参与观察海外公民健康、提供法律咨询等服务。欧洲国家还借助一体化程度较高的国际组织，在领事保护领域开展合作，如欧盟《马斯特里赫特条约》规定，各成员国海外机构对其他成员国公民的保护应当“等同对本国公民的保护”，开创了多个国家集体保护海外公民的先河。

虽然外交领事保护机制的构建已较为成熟，但武力手段仍然是一些西方国家的保留选项。在殖民时期，列强大搞“炮舰外交”，动辄以“保卫海外公民”为由将纠纷诉诸武力。时至今日，出于对国家形象与国际准则的顾虑，这类手段虽然不再是首选，但在一些极端情况下也不可或缺。以军事力量最雄厚的美国为例，“9·11”事件后，美国的海外武装营救行动几乎与反恐军事行动一同走向高潮。美军倚仗遍布全球的军事基地与强大的投送能力，多次在伊拉克、索马里等地开展武装营救行动。但在耗费了数百亿军费并遭受了多次失败后，美国的海外军事力量也开始向“重威慑轻打击”的方向发展。在营救行动中，国家的外交和军事力量是台前主力，而神秘的情报机构则充当起“幕后英雄”，利用情报支持谈判斡旋或武装行动。据报道，以美国为首的“五眼联盟”除了在国家博弈中进行情报共享外，在反恐与海外侨民营救行动中也有情报合作。近年来，欧美国家还利用民间安保公司、海外“代理人”等非国家主体作为“白手套”，实施海外安保和武力营救。

与西方国家相同的是，近年来，随着我国海外人员数量的增加和分布范围的拓展，海外公民面临的安全风险也处于升势。进入 21 世纪后，中国对外开放水平得到全面提升，中国人“走出去”的水平也不断升级，仅 2019 年，我国出境人员就达 3.5 亿人次，范围广布世界各地，其中包括很多相对落后甚至动荡的地区。但我国公民的整体安全防范意识尚不适应海外交流的频度与

＜在巴格达乘直升机巡逻的『黑水国际』私人安保公司雇佣兵

广度，部分国人平日轻视安全风险，遇事则抱着“等、靠、要”的心态，要求国家驻外机构协助解决，为我国海外安全保卫工作平添不必要的麻烦。近几年来，中美博弈、新冠疫情、俄乌冲突等因素的叠加推动百年变局加速演进，新一轮“动荡变革期”愈演愈烈，海外安全威胁数量与日俱增，风险类别复杂，影响范围与严重程度更甚以往。据外交部统计，中国领事保护案件的年均数量已接近10万起，凸显了海外人员安全的脆弱性，未来我国海外公民安保工作任重道远。

进入新时代以来，海外利益维护得到了中央的高度关注。习近平主席十分重视身处他乡的中国侨胞的安全，始终强调毫不动摇地坚持以人民为中心的外交方针，多次对海外公民安保的战略布局与机制建设作出批示。2014 年中央国家安全委员会第一次会议提出了总体国家安全观，海外利益安全被纳入 16 个国家安全领域之中。总体国家安全观要求“坚持国家安全一切为了人民、一切依靠人民，真正夯实国家安全的群众基础”，表明人民安全也是海外利益安全的基础，保障海外公民安全就是海外利益保护的重中之重。在习近平总书记的关切与总体国家安全观的指导下，我国海外公民安保机制建设持续发力，逐步构建起“为民、利民、安民、惠民”的海外中国平安体系，彰显党和政府执政为民的价值底色。

相对于西方国家，我国摒弃了借霸权保卫自身海外利益的老路，以和平共处五项原则为指引，坚持独立构建具有中国特色的海外公民保护机制。经过实践的积累与对历史经验的学习，我国逐步形成了保护海外公民的“中国方案”，凸显出一个新兴大国的智慧与担当。为了有效保护数量庞大、分布广泛的海外公民群体，我国建立起中央政府领导、多部门协同的海外公民保护执行机制，将中国“集中力量办大事”的优势应用在外交领事保护中。“中国方案”的智慧还体现在对多元主体参与的包容与鼓励上。为了保障海外安全机制形成“全领域覆盖”，我国积极推动构建中央、地方、驻外使领馆、企业和公民“五位一体”的海外公民安保体系。在海外，华夏同胞的血脉文化联系也将海外华侨华人凝聚在了一起，许多心系故土的侨胞在险情发生后自发组织救援协助，为海外撤侨、赈灾等提供了极大的支持，成为官方机构之外我国海外公民保护的重要支援力量。

海外绑架与营救

当今世界形势风云变幻，动荡的影子在发展与变革中时隐时现，海外安全风险层出不穷。具体而言，常见的海外安全威胁既包括波及人数众多的整体性局势恶化，如战争、灾难等；也包括影响范围较小但更加棘手的事态，如抢劫、绑架等。在部分陷入长期动荡的地区，二者还会相伴而生。海外绑架虽然危害范围与规模相对较小，但潜在的经济与社会负面影响不逊于其他安全威胁。近年来，海外绑架在一些地区集中发生，并呈现出组织化、集团化、暴恐化的特征，已成为海外公民面临的主要安全风险之一。在应对海外绑架时，国家需要在力所不能及之处与绑匪展开周旋，并有可能付出高昂的经济、政治乃至国民生命的代价。缘此，海外绑架也被称为“痛苦博弈”。

自二战结束至今，海外绑架在不同时代背景下呈现出不同特征。冷战期间，美国、苏联的“拉帮结伙”使世界陷入了两极分化，意识形态的对立将国家与政治组织拉入了无休止的纷争。随着各方的明争暗斗日趋激烈，一些政治团体开始绑架“敌对国家”的海外公民，并以人质要挟该国政府做政治让步。在最极端的情况下，也有一国政府参与或支持绑架他国人质的情况，其中当属 1976 年恩德培劫机事件最广为人知。

1976 年 6 月，法国航空公司的一架客机从雅典起飞后，被劫持飞往乌干达恩德培机场。在恩德培，劫持者释放了机上的其他乘客后，将犹太乘客与机组人员共 106 人扣为人质，并要求以色列、法国、瑞士等国释放关押的组织成员，否则将“处决”全部人质。同时，时任乌干达总统阿明的表态使事件更加棘手——在得知恩德培劫机事件后，阿明为了表现自己坚定的“反犹”立

> 1976 年，在救援飞机返回以色列时，人群举起了救援行动队的中队长

场，不仅没有履行打击劫机犯罪的义务，反而和劫持者站在了一起，派兵进入恩德培机场帮忙看管人质。

面对手握百余名人质的劫持者和咄咄逼人的阿明，以色列一面假意和谈以拖延时间，一面暗中计划突袭恩德培机场，解救人质。在政府内阁、军方与情报机构摩萨德的共同努力下，以色列开始了名为“恩德培行动”的营救计划。1976 年 7 月 3 日晚，4 架搭载着以色列突击队的“大力神”运输机乘着夜色在恩德培机场降落，伪装成阿明座驾的车队鱼贯而出，载着特种兵悄然开赴关押人质的航站楼。经过不到 1 小时的战斗，营救队伍以指挥官乔纳森·内塔尼亚胡 1 人牺牲的代价，击毙了 7 名恐怖分子与 40 余名乌干达守军。106 名人质中则有 102 名生还，3 人在交火中被误杀，另外还有 1 位英国籍犹太老人因身体不适，在突袭前就被送往当地医院，也因此错过了营救。不幸的是，这位老人最终也没逃过一劫——突袭发生后，恼羞成怒的阿明为了报复，派人前往医院将她秘密“处决”。

以色列的“恩德培行动”无疑在海外公民保护的历史中留下了浓墨重彩的一笔。政府的果敢决断、突击队的英勇善战和情报机构的专业可靠，不仅给全世界留下了深刻的印象，在当时还成了各国争相研究的营救“教科书”。但贸然进入他国实施武装解救终究风险极高，一旦失败，收获的将不是欢呼与感谢，而是民众的唾骂与国际社会的谴责。在此事件后的伊朗人质危机，就是国家武力营救敌对政权绑架人质的“反面典型”。

1978年，伊朗爆发伊斯兰革命推翻了原巴列维王朝，亲西方的国王流亡海外。宗教革命后，伊朗社会反美情绪空前高涨，美国在伊朗的使领馆也首当其冲成了民众泄愤的目标。1979年11月4日，一群激进的伊朗大学生冲进了美国驻德黑兰大使馆，将使馆内52名工作人员扣为人质。根据《维也纳领事关系公约》的规定，使馆作为国家外交的核心机构应受到保护，驻在国负有保障其安全的义务。因此，伊朗学生“攻占”美国使馆的行为无疑有悖国际准则，伊朗政府理应尽快解救大使馆内的人质。

随着时间的推移，伊朗不仅没有表现出愿意化解人质危机的迹象，反而以此为筹码，要求美国先做出政治让步。被激怒的美国政府很快开始准备营救行动。参照“恩德培行动”，美国军方提出了“鹰爪行动”，计划借空中力量突袭德黑兰。1980年4月，数架“大力神”运输机与8架直升机搭载着美军突击队，分别组成飞行编队潜入伊朗。在飞行过程中，有3架直升机相继出现故障，营救行动因所需直升机数量不足而告于失败。在随后的撤离过程还发生了更严重的事故——美军一架直升机撞上了运输机，酿成突击队8人死亡、5人受伤的惨剧。为了不暴露，其余美军只得将残骸、直升机和战友的尸体弃于茫茫沙海，搭载剩余的运输机仓皇逃离。

“鹰爪行动”的失败不仅惊动了伊朗，使其将人质转移，导致后续美国营救成功的可能化为泡影，还将美国推入了外交与舆论的旋涡中。在国际社会中，美国悍然侵犯他国领土又落荒而逃的行径很快招致了全世界的谴责与嘲讽。在美国国内，民众对营救行动失败的沮丧很快转变为对政府的不满，时任美国总统卡特的支持率一落千丈，最终在大选中败给了里根。在里根上任后一系列机缘巧合的推动下，这场持续了444天的人质危机最终在双方的谈判中得以化解。

恩德培劫机事件与“德黑兰事件”危机本质上都是冷战帷幕下国家间对抗的缩影，具有浓厚的时代色彩。以色列与美国的行动各有成败，揭示了复杂国际局势对各国保护海外公民工作构成的挑战，也表明武力行动具有高度不确定性和风险性。所幸冷战结束后，国家间剑拔弩张的氛围逐渐消解，伴以国际规则体系日趋完善，以国家为主体的绑架劫持行为也失去了生存的土壤。但自进入21世纪以来，各类安全威胁日新月异，海外绑架不仅没有消失，还呈现出了新的特征。

第一，海外绑架开始与恐怖主义“合流”。自“9·11”事件将全球恐怖主义的发展推向高潮后，许多武装团体走上了极端主义道路，变成恐怖分子继续兴风作浪。除了发动恐袭外，绑架活动也开始成为恐怖分子的“主营业务”。2002年，巴基斯坦“基地”组织“处决”了其绑架的《华尔街日报》记者丹尼斯·珀尔，并拍摄视频发布到互联网，引起了全球恐怖组织的效仿。除

“基地”组织外，“伊斯兰国”、菲律宾“阿布沙耶夫”、非洲“博科圣地”等臭名昭著的恐怖组织都实施过针对外国人的绑架犯罪。对恐怖分子而言，相比于其他形式的恐怖活动，绑架不仅成本低廉，还有机会获得高额赎金，甚至有可能搭救被捕的同伙，几乎是一笔“无本万利”的买卖。即使勒索不成，恐怖分子也可以通过拍摄绑架相关的视频来宣传恐怖主义，进而提升自身影响力。因此，越来越多的恐怖组织将绑架作为其经济来源与宣传手段，成为各国海外安保工作中最头疼的问题。

第二，在动乱地区，绑架也是海盗、地方武装势力与犯罪团伙的惯用伎俩。在索马里，长期的贫困与动荡使一些人开始借扣押路过的外国船只、绑架船员赚取赎金，并逐步发展为海盗团伙。2001 年以来，索马里海盗的绑架活动越发猖獗，直至 2008 年在国际社会亚丁湾护航行动的打击下才逐渐偃旗息鼓。在一些国家，武装叛乱团伙也是绑架犯罪的主谋。叛乱分子在当地“开疆扩土”之余，还会借抢劫、绑架他国公民“赚外快”，一些地区几乎因此变为“犯罪天堂”，而当地政府却束手无策。即使是在部分相对稳定的地区，也有犯罪团伙针对他国公民频繁实施绑架，甚至将绑架与电信诈骗、人口贩卖、毒品走私等跨国犯罪结合，发展成复杂庞大的“犯罪产业链”。对此，当地强力部门或因资源匮乏、技术落后，或是本身贪污腐败、玩忽职守，都不能有效履行解救人质、打击犯罪的职责。

在应对海外绑架时，国家间的决策选择出现了分流，形成了两种不同的模式，其中美国、英国等国家属于“强硬派”。这些国家对恐怖主义与国际犯罪持坚决反对立场，在处理人质危机时遵循 4 个基本原则：不与绑匪做任何谈判妥协，不承诺任何政治让步，不向其支付任何赎金，以及在可能的情况下应当实施武力营救。一些国家还立法阻止人质家属与绑匪私下交涉，如 2001 年美国颁布的《爱国者法案》中规定，禁止向恐怖主义提供物质支持，包括向恐怖组织支付人质赎金。“不妥协”政策有效树立了国家的强硬立场，但也使人质陷入了更加危险的处境——根据统计，被恐怖组织绑架的人质中，英国、美国等国家人质的获释概率不超过三分之一，从而引发了受害者与其家属的不满。此外，“不妥协”政策的实际效果也遭到了质疑。美国兰德公司的一项研究报告认为，没有证据表明“不妥协”政策能够降低一国公民在海外被绑架的概率。

与“强硬派”国家相反，法国、德国、西班牙等“谈判派”国家秉持人质安全优先的理念，虽然与“强硬派”国家一样对外宣称不与犯罪分子交易，但仍然会低调地与绑匪接触，并通过谈判换回本国人质。这些国家还发展出一系列谈判营救的策略，包括雇佣在当地具备深厚人脉关系的人士从中调解斡旋、拨款设立赎回海外人质的专项资金、请第三国代为支付赎金后再垫付等。虽然不似英国、美国等国强硬，但“谈判派”国家也并非“妥协派”，不会对绑匪进行无底线退让。一些国家为达成满意的谈判结果，可以与绑匪展开长期周旋，如 2010 年“基地”组织北非分支“伊斯兰马格里布基地组织”绑架法国人质一案中，法国政府与绑匪进行了长达 3 年的拉锯式谈判，将赎金从 9000 万欧元压价到 2500 万欧元。一些国家在积极谈判之余，还会“亮刀子”对绑匪反向施压，如 2009 年西班牙“阿拉科拉纳”号渔船被索马里海盗劫持后，西班牙海军在事发海域抓捕了 2 名海盗，并送回本土判处 400 余年的有期徒刑，为后续与海盗团伙的谈判赢得了筹码。

在“谈判派”国家的努力下，人质救援行动收获了令人欣慰的效果：这些国家海外人质生还的概率达到了 80%，是英美等国的两倍之多。但“谈判派”国家经常因让步条件过于优厚而招致批评。有人指出，一味地经济妥协将导致赎金“水涨船高”，让绑架成为犯罪分子的“摇钱树”，甚至可能变相资助恐怖组织。另外，妥协的内容已经从单纯的支付赎金，逐步发展到在政治与军事上的退让，如法国为解救被“基地”组织绑架的人质，曾要求马里政府释放在押的恐怖分子。对此，西非地区一些深受恐怖主义之苦的国家纷纷表示强烈反对。

首先，其他国家解救海外人质的做法对我国海外人员保护机制的建设有一定的参考价值。当前，中国公民遭受绑架的风险不逊于欧美民众。多种原因之下，经济仍然是最主要的因素。随着中国人民生活水平的提升，很多海外公民与企业在不经意间“露富”，从而勾起不法分子的歹心。我国国民所遭遇的绑架案中，以索要赎金为动机的占绝大多数。同时，随着我国国际影响力的提升，针对我国公民的政治性绑架也逐渐兴起。一些绑匪想借绑架中国人来鼓噪自己的“名声”，或向中国政府索取政治让步；一些绑匪则希望借中国向他国政府施压。对此，中央外事工作委员会办公室主任王毅曾鞭辟入里地评价道：“我国公民正逐步从国际犯罪行为的殃及者转变为主要的受害者，这与我国国际话语权的增加以及打击国际犯罪的坚决立场密不可分。”

其次，在海外绑架犯罪的应对机制建设中，各国的经验也值得我们学习。许多国家开始建设海外安全风险预警平台，为海外公民提供出行建议、危险预警等信息服务，例如美国的“智行者登记计划”、法国“旅行者建议”等。在绑架案件中，很多国家都会组成由国家元首直接领导或过问、多个政府部门协力配合的应对机制，这与当前我国海外突发事件应急管理机制的总体设计不谋而合。此外，经验表明，情报在绑架应对中具有不可替代的作用，美国、法国等国的情报机构除了服务于国家斗争外，在海外绑架事件中也经常大显身手，为政府的决策提供重要情报参考。人质获救后，很多国家会选择采用法律或武力手段严惩绑架者，特别是与当地国家的强力部门合作开展武装打击行动，从而有效震慑潜在的犯罪分子，降低海外公民遭遇不测的概率，这也可以成为我国军队、公安等安全机构未来“走出去”的重要目标与抓手之一。

最后，一些国家在人质营救中付出的惨痛代价也是值得我们思考的教训。为了应对趋于多发的绑架事件，美国、法国等国频繁动用其海外情报网络与军事力量参与营救，也多次因情报和行动失误遭遇“滑铁卢”。据统计，欧美国家约 50% 的海外军事解救行动中至少有 1 名人质或军事人员死亡，甚至发生过强行解救导致人质悉数遇害的惨剧。与此相对的是，一些国家在赎金谈判中过于开放，无形中拉高了绑匪的胃口，导致赎金不断加码。此外，舆论的过度关注也对海外绑架事件的解决起到了反作用。在法国，每当有公民遭到绑架，新闻媒体与社会组织便闻风而动、大肆造势，要求政府迅速将遇险的海外同胞救回。声势浩大的舆论传入绑匪耳中后，令其更加相信政府会不计代价地进行赎救。于是绑匪反而以此漫天要价，使营救难上加难。

在近年来改革开放与“走出去”逐步深化的过程中，我国应对海外绑架等海外应急事件的调查处理机制也有了长足的发展。具体而言，我国海外突发事件应急管理机制基本实现了事前预防、事中响应与事后处理的全流程覆盖，囊括了中央与地方、政府与非政府等一系列主体的参与机制，在解救行动中积累了许多宝贵经验。我国的外交成果也在此类事件的处理中得以转化，所在国政府对我国公民的安全较为重视，积极在人质营救中发挥作用。

未来，为了加强海外公民安保的效果，我国也将在经贸合作“走出去”的基础上，积极推动安全建设“走出去”，在有力维护海外公民人身安全的同时，帮助更多国家享受稳定的红利。

护航归途

近年来，《红海行动》《万里归途》等以海外撤侨为题材的影视作品陆续上映，不仅让观众为中国的强盛感到心潮澎湃，也使社会关注到了我国在海外撤侨机制建设中的成果。海外撤侨与人质营救一样，是维护海外公民安全的重要议题之一。海外撤侨是指旅居他国的公民群体面临较为普遍的安全威胁时，国家通过各种手段将其撤离所在国的行动，广义上也属于领事保护的范畴。相比其他保护海外公民的行为，海外撤侨对应的危机影响范围更广、行动规模更大，除了国家外事机构，还需要更多部门配合参与。可以说，一国政府在海外撤侨行动中的表现，是其对内统筹协调与对外应急处突能力的综合体现。

实践中，海外撤侨的起因大致可以分为三种。第一，海外某国陷入对外战争或内部动乱，居留于此的本国国民可能被动荡局势波及。这种撤侨行动在历史中占据了多数。当前，国家冲突、民族纠纷与宗教对立等矛盾长期存在，并时常演变为大规模动乱或战争。乱局使社会运行陷入停滞，水电、交通、通信等基本公共服务无法得到保障，很多不法分子也“趁火打劫”实施暴力犯罪。而当地政府同样陷入危机，无法为他国国民提供基本的外交领事服务，更遑论安全保障。因此，很多旅居当地的公民陷入“逃不出去，待不安稳”的困境，需要借助国家的力量进行撤离。例如 2021 年美军撤离阿富汗的行动加速后，阿富汗政府很快在塔利班的攻势下倒台，全国随之陷入混乱。很多来不及撤离的西方国家公民与当地民众一起滞留在喀布尔机场。美国、英国、澳大利亚等国家不得不大规模组织客机、军机等飞赴阿富汗，仓促开展撤离行动。

第二，本国与他国关系的严重恶化也是海外撤侨的重要起因。双方国家交恶时，为避免对方政府的敌对政策或社会中仇恨情绪损害本国侨民的安全，需要尽快将其撤出。以国家关系恶化为由的撤侨不仅是为了保护海外侨民，还带有一定政治宣告的意味，即表明对他国的极端不信任，且未来的冲突形势可能再度升级。这种情况下开展撤侨行动一般很难得到目标国的充分配合，更多则是以广泛发布信息的形式号召在目标国的公民自行返回。例如 2023 年初，突尼斯总统公开发表“黑人移民将改变国家人口结构”的歧视性言论，引起撒哈拉以南非洲多国的不满和抗议，随后科特迪瓦、几内亚、马里、加蓬等国使馆相继发布公告，号召公民从突尼斯撤离。

第三，自然灾害与传染病也可能成为撤侨的起因。相比前两种情况，自然灾害难以预知、爆发迅猛，能够在短时间内引发极为严峻的险情，严重威胁海外侨民的生命安全，也更加考验国家应对海外危机时的快速反应能力。例如在 2011 年日本大地震、2014 年西非地区埃博拉病毒暴发事件中，包括我国在内的许多国家在第一时间启动了紧急撤侨行动。

当前，世界主要国家基本都形成了相对完善的撤侨行动体系。当危急情况发生时，各国首先成立专门工作小组作为撤侨行动的核心，指挥各部门按照应急预案开展撤侨前期准备工作；在撤侨过程中，政府会动用各种资源，如海外交通资源、情报网与秘密通联渠道，甚至是驻外军事力量共同保障撤侨行动的平稳推进。多次撤侨行动中海量的人力、财力消耗，也让西方国家的撤侨策略发生了转变。大部分国家开始坚持“撤离自愿，费用自理”原则，要求海外侨民承担机票或船票。此外，一些国家将撤离人员严格限定为本国公民，而不覆盖其当地亲友。

近年随着国际局势的动荡，一些国家还借炒作撤侨议题对他国进行政治施压。美西方国家在遍布全球情报网络的加持下，经常先人一步预警到动荡的风险，其撤侨信息因此被视为地区局势变化的“风向标”。借此，美国将“撤侨”变成混淆外界视听的“烟雾弹”，纳入其全球舆论战中。俄乌冲突期间，美国多次向俄罗斯境内美国公民喊话“尽快撤离”，引发世界舆论纷纷猜测俄乌双方的新动向，无形中对俄罗斯形成了情报和舆论压力。2022年7月，日本反华政客石破茂窜访中国台湾期间，也借“撤侨合作”凭空捏造台海紧张局势，大肆鼓吹与“台独”分子加强勾连，其追随美国“以台制华”，干涉我国内政的野心昭然若揭。将撤侨行动政治化、武器化，以撤侨之名干涉他国的行径，是西方国家霸权的缩影之一，与我国坚持独立自主、倡导和平共赢的外交理念无法相容。我国需要探索建立符合国际公理与本国实际的海外撤侨行动体系。

伴随着我国与外界的交流日益增加，中国公民在海外面临的风险也日益增大，对我国海外人员安保机制的建设提出了新的挑战。面对世界各地的动荡局势，我国坚持“以人为本”的外交思想，在实践中持续加强海外撤侨的能力与体系建设。进入21世纪以来，我国在2000年所罗门群岛政变、2006年黎以冲突、2010年吉尔吉斯斯坦内乱、2011年利比亚内战、2015年也门战乱等多次地区冲突中都成功实施了撤侨行动，其中当属2011年利比亚撤侨最具代表性。行动的圆满成功有力彰显了中国政府保卫海外公民的决心与能力，极大增强了中国人民的自信，堪称我国海外安全维护能力发展的里程碑。对比欧美国家撤侨时的混乱与拖延，我国在国际社会中收获了广泛赞许，甚至有西方媒体惊呼，“中国在撤侨行动中比美国更像一个超级大国”。

除一国突发战乱外，我国在应对其他海外紧急情况的撤侨行动中也有成功的实践。2014 年，因南海油气资源争端，越南民间社会对我国不满情绪发酵，反华游行密集爆发，多地发生不法分子打砸中资企业、对中国侨胞施暴的恶性事件，造成 4 名中国公民死亡、多人受伤的惨剧。随后我国政府立即行动，紧急协调包机、包船，同步简化出入境流程，平安撤离了近 4000 名在越中国公民。同时，我国驻越南使馆向越方提出严正交涉，要求其立即出面恢复秩序、惩治凶手，避免了骚乱的进一步升级。在本次撤侨行动中，我国既有效维护了在越中国公民的生命安全与合法权益，也保持了最大的外交克制，成功平衡了海外公民的安全需要与国家外交战略的关系。面对自然灾害，我国同样积累了完备的应对经验。如在 2015 年尼泊尔地震中，我国调遣包机 52 架次，从加德满都机场接回了近 6000 名同胞。在 2016 年新西兰地震中，125 名中国游客被困当地，中国领事馆迅速调用了周边所有可用的直升机，在不到两天的时间内将受困公民全部撤离。

近年来多次撤侨行动的圆满成功，展示了中国不断增强的综合实力，彰显了我国“外交为民”的人本精神，践行了党和政府执政为民的根本理念。撤侨行动中一系列创举收获了实效，为我国海外利益保护机制的建设积累了宝贵经验。在利比亚和也门，中国军队参与撤侨取得了良好的保障与宣传效果，既鼓舞了军心、民心，也为解放军未来参与海外利益维护提供了实践范本。此外，周边国家为撤侨行动提供的帮助也是我国外交领域丰硕成果的体现。在利比亚撤侨行动中，希腊、马耳他、埃及、突尼斯等多个国家纷纷向我们施以援手，为撤侨行动提供便利和保障。这些国家积极友善的回应，不仅是出于对一个大国的尊重，更是对中国平等互利外交理念的认可与响应。中国在互相尊重与合作共赢中与他国建立起的友好关系，也是单靠“秀肌肉”得不到的外交财富。

21 世纪以来的多次撤侨行动也为我国完善海外利益维护机制指明了方向。随着“走出去”战略的深入推进，我国海外侨民面临的安全风险将继续攀升。海外撤侨行动虽获圆满成功，但其背后的人力、物力、财力支出也是天文数字，行动的可持续性尚待发展。因此，我国在不断完善撤侨机制的同时，要积极推动建设贯穿海外应急响应“全过程”、聚焦风险预防的海外安全保卫机制。在国际社会，我国继续坚持互利共赢的基本外交原则，在国际互动中注重“战略账”“政治账”，打造亲善、和谐的国际口碑，为海外公民营造友好的出行环境。在国内，除了政府主导建设海外风险预警平台与通联渠道外，企业与个人等社会主体也需要更多地参与到海外安全保卫机制的发展中。在去往境外前，企业需进行专业完备的风险评估，公民也应积极主动参加行前安全教育，共同推动海外风险预警机制建设落地的“最后 100 米”。另外，社会主体也需要认识到驻外使领馆能力的局限，摒弃政府“大包大揽”的错误思想，在出境期间遵守当地法律，在日常生活中低调行事，做好自己人身与财产安全的“第一责任人”。

参考文献

1 中共中央宣传部:《习近平新时代中国特色社会主义思想学习纲要》，学习出版社、人民出版社 2019 年版。

2 中共中央宣传部、中央国家安全委员会办公室:《总体国家安全观学习纲要》，学习出版社、人民出版社 2022 年版。

3 夏莉萍:《领事保护机制改革研究——主要发达国家的视角》，北京出版社 2011 年版。

4 何建明:《国家：2011· 中国外交史上的空前行动》，漓江出版社 2020 年版。

5 ［美］汉斯 · 摩根索著，徐昕、郝望、李保平译:《国家间政治：权力斗争与和平》，北京大学出版社 2006 年版。

6 ［以］伊多 · 内塔尼亚胡著，王中祥译:《约尼的最后一战：恩德培救援行动，1976》，化学工业出版社 2014 年版。

7 ［美］戴维 · P. 霍顿著，蒋真译:《败退德黑兰：吉米 · 卡特的悲剧外交》，社会科学文献出版社 2018 年版。

8 Joel Simon, "We Want to Negotiate: The Secret World of Kidnapping, Hostages and Ransom", New York: Columbia University Press, 2019.

9 Scott Ast, "Managing Crises Overseas", CPC Press, 2017.

6

第六章

海外经济利益的安全困境

经济是一国生存和发展的物质基础，经济利益是国家利益的重要组成部分，而海外经济利益也是国家海外利益的重大关切，体现着一国在国际舞台上对经济相关事务的影响力。学界普遍认为，海外经济利益是一国自然人、法人或机构所拥有的，在国家主权管辖区域或行政管辖范围以外存在的，并受法律法规保护的经济利益。早在 1939 年，美国经济学家和政治学家就提出，从本质上看国家存在经济扩张需求，随着贸易流动、投资流通、工业组织发展、跨国经济活动关联加强，从政策层面关注海外经济利益成为了“可选项”。

经济全球化发展下，各国间的经贸、金融往来趋于紧密，越发成为影响一国国际地位的重要因素。这就对各国充分利用自身资源优势、布局涉外经济政策、调动海外经济资源、捍卫本国企业的国际市场地位，即维护海外经济利益，提出了要求。尽管不同国家和地区对自身在国际社会中的定位不同，受到国际组织、国际经济体系影响的程度不同，在世界经贸关系中所扮演的角色不同，海外经济利益的具体组成及维护海外经济利益的侧重点不同，但在对于维护、拓展海外经济利益的重要性的认识上存在共识。

世界主要国家和地区在经济、社会发展过程中均重视海外经济利益扩展及保护，其中典型的国家如下。

美国是世界上较早对海外经济利益进行系统性保护的国家，视海外经济利益为其全球战略布局的关键。20世纪80年代末明确提出关注“经济安全”后，美国立即将海外经济利益作为其加强国家影响力的物质基础。海外经济利益也成为美国在全球范围内扩张资本、开展经济外交、发展高新技术、实施战略部署、捍卫国家地位的重要支撑。对美国而言，海外经济利益的重要性毋庸置疑。早在1996年，美国国家利益委员会就曾在其出版的《美国国家利益》报告中点明，国际贸易投资体系的活力关乎美国经济发展，是生死攸关的重大利益。

以英国为代表的欧洲大国，为满足本国生存与发展的需要，从新航路开辟即着手拓展海外经济利益。欧洲大国通过对外贸易投资，深耕区域市场，开展对非洲、亚洲的贸易，并向美洲拓展。海外经济利益积累为欧洲大国的经济社会发展提供了丰富的物质资本，也成为其在国际社会施加影响力的重要渠道。

日本领土面积狭小，人均资源有限，倚重海外资源、市场。日本二战后的经济崛起与海外利益拓展密切相关，以“雁阵模式”为代表的海外经济战略部署更成为其海外利益的重中之重。整体而言，日本尤其关注海外原材料供应，重视以“贸易立国”，推行“资源外交”，通过官民结合、多部门参与、保护前置、支持私人部门海外投资等措施，形成了较为完善的海外经济利益保护体系。

韩国重视海外直接投资和出口贸易，以大企业领航投资、积极开拓海外市场等方式，实现了海外多领域广泛布局。海外经济利益是韩国产业发展的重要支撑，也是韩国开展对外经贸交往、制定经济外交政策的重点考虑。经过多年的海外布局，韩国在工业制品、中高端技术产品以及中间品等方面有明显的国际比较优势。

中国是世界第二大经济体，是经济全球化的重要推动者。中国积极支持多边贸易体制，稳步推进高水平对外开放；通过共建“一带一路”倡议与共建“一带一路”国家的经济合作不断深化，对外贸易、金融、投资不断拓展；在实现自身经济发展的同时，为世界繁荣发展提供了强大动能。同时，中国还把推动构建人类命运共同体作为中国式现代化的一项重要内容，提出全球发展倡议和全球安全倡议，在全球范围内积极构建平等、开放、合作的伙伴关系。进入新发展阶段，中国加快构建以国内大循环为主体、双循环相互促进的新发展格局，综合运用国内国际两个市场、国内国际两种资源的能力进一步加强，推行国际经济合作的领域更广、水平更高、程度更深。中国的海外经济利益发展也呈现出规模日益增大、地域持续扩展、领域愈发多元、内涵不断丰富的特点，包括平等开展经济外交、积极融入国际经济金融体系、全面参与国际经济金融治理，以及开展进出口贸易、进行国际投融资、引进和输出人才、大力开展海外项目建设等。此外，中国的海外经济利益还涵盖了国家海外形象塑造、海外财产安全维护、金融稳定保护、海外资源能源稳定供应、海外供应链韧性强化等诸多方面。可以说，“海外中国”的体量愈发庞大，日益成为中国国家实力的重要组成部分，保护海外经济利益也变得愈发重要。

海外经济利益的不断拓展，也令中国面临着趋于扩大的风险敞口，经济外循环的顺畅性在短期内受到一定考验，相关风险不容忽视。具体而言，中国的海外经济利益不仅面临所在国发生战争、政权更迭、法律出现对我国的重大不利调整等政策风险，还面临来自部分国家的单边制裁、贸易保护主义（如贸易壁垒、技术藩篱）等新挑战，无不考验着中国的海外经济利益保障能力。分析海外经济利益的全球布局、明确海外经济发展所面临的风险、构建维护海外经济利益的机制体系，不仅对中国加快构建新发展格局、保障国家安全至关重要，而且关乎中华民族伟大复兴的历史进程。

鉴于此，本章将立足中国、放眼世界，从两个市场、两种资源出发，重点分析当前海外经济利益领域的重大风险点，试图为我国维护海外经济利益提供参考。

两个市场、两种资源

所谓两个市场、两种资源，顾名思义，是指国内市场和国外市场、国内资源和国外资源。随着经济全球化发展，物流、人才流、技术流、资金流的跨国流动日益频繁，不同国家、不同地区、不同经济体之间在世界市场上的联系日益密切，在全球产业链、供应链、价值链上的分工、合作日益深化，两个市场、两种资源越发密不可分。

从供需角度看，国内市场需求和国际市场需求的协同互补，有助于在一方市场扩张动力不足时，通过另一方进行补充；而充分利用国内、国际两种资源，发挥资源、产能、技术、市场的差异化竞争优势，也能在保障供需平衡等方面发挥重要的调节作用。

从不同国家看，每个国家的资源禀赋不同，市场容量各异，经济发展水平不一，在全球产业链、供应链、价值链上的优势分化，因此利用两种资源、协同两个市场具有必要性。

日本是充分发掘国外市场、国外资源潜力的典型代表。日本国内自然资源有限，面临“经济大国”与“资源小国”的矛盾，日本习惯于将经济安全保障置于世界经济框架内考虑。日本认为利用海外资源、畅通海上通道、拓展海外市场，特别是保障海外战略物资稳定供应“攸关国家生存”。在本国政府支持下，日本商社在全球范围内对矿石、石油、粮食、金属等资源进行投资，建立起了全球性的物流供应体系，为保障本国资源能源稳定供应添砖加瓦。

中国也格外重视国内国际两个市场、两种资源的利用。习近平总书记在《不断开拓当代中国马克思主义政治经济学新境界》重要讲话中指出，“在经济全球化深入发展的条件下，我们不可能关起门来搞建设，而是要善于统筹国内国际两个大局，利用好国际国内两个市场、两种资源”。秉持共商共建共享原则，中国积极推动共建“一带一路”倡议，在世界银行、国际货币基金组织、世界贸易组织等多边经济金融机构提出了一系列中国方案，并以金砖国家、上海合作组织等为抓手，充分发挥丝路基金、南南合作援助基金，金砖国家开发银行、亚洲基础设施投资银行等多边援助项目和机构的作用，以“世界工厂”“世界市场”双重身份积极融入国际经济、金融体系，向国际市场输出优质企业、提供优质资源，成为世界经济增长的引擎。

农业和能源行业是中国用好两个市场、两种资源的典型例子。在农业方面，新中国成立以来，历经70余年的不懈努力，中国在基本实现粮食自给基础上，通过农业对外合作积极吸引外资并引进优质种质资源、农业技术和相关人才，通过推进境外农业全产业链投资布局基本做到了国内资源确保口粮安全和国际资源确保大食物安全的有机配合。此外，中国还大力培养了一系列具有国际竞争力的涉农企业集团，并在全球农业治理上崭露头角。在能源方面，中国一方面从国际市场上吸引了大量原材料、资金和技术资源的流入；另一方面将大量优质的资源、能源产品输向全球能源市场，为世界资源、能源开发注入中国资金、中国技术、中国人才，为全球优化能源体系、稳定能源供应贡献自身力量。

可以说，国内外两种资源相互倚重、国内外两个市场相互借力，共同推动中国资源与世界资源、中国市场与世界市场形成良性互动，令中国经济与世界经济形成健康的“正循环”。

两个市场、两种资源的深度融合是国家经济社会发展的机遇，但也难免产生一系列风险。当前，世界经济增长乏力，贸易保护主义抬头，逆全球化行为时有发生；产业链、供应链布局加速调整；金融市场泡沫吹大，通胀高位持续，汇率风险不断累积；“黑天鹅”事件频发，供应链中断频繁；部分地区政治风险迭起，政策变动难测；部分国家还在投资审查、出口管制方面层层加码，人为地对世界经济发展增设了障碍；加之一些企业在经营过程中缺少战略思维、法律意识不足、文化融合不够、能力短板暴露，用好两个市场、两种资源受到一定阻力。

对中国来说，在利用两个市场、两种资源方面也面临一定的挑战。

利用资源方面，疫情重挫全球供应链，推高原材料价格、阻断产品正常供应，中企正常的生产经营被打断，进口成本飙升；部分国家和地区资源民族主义抬头，冲击中国海外关键矿产资源供应和相关项目建设的顺畅推进；有的国家还泛化安全概念，收紧出口管制政策，令中国利用国际市场获取高端生产要素、沿着产业链攀升的正常路径受到扰动，核心技术自主攻关紧迫性凸显。

开拓市场方面，世界经济疲软、多国经济下行、外需不振，令中国出口承压；有的国家对市场准入增添限制，令中国诸多企业走出国门、开展正常贸易往来受阻；部分国家实施的安全审查越来越多、越来越密，令中国一众企业投资受限。此外，日趋激烈的国际地缘政治博弈态势也推高了中国海外市场拓展的不确定性。以美国为代表的部分国家，悍然挑起贸易战、科技战，在关键技术领域树起“小院高墙”、以意识形态为牵引构建供应链联盟、不断收紧投融资审查、肆意对输美产品加征关税，直接冲击了中国企业正常的国际经贸往来。同时，在全球范围内持续存在的极端天气、突发疾病、军事冲突等，也会加剧国际经济、金融市场动荡，令中国的企业在拓展海外经济利益时面临日益升高的外部环境不确定性。

基于对上述风险、挑战的研判，本章将在后续部分，结合当前国际政治经济形势新变化，从投资安全审查、供应链、制裁三方面出发，对海外经济利益相关风险作出分析。

投资安全审查的冲击

外资投资安全审查是主权国家为了保障“国家安全”这一最基本的生存状态不受侵害而对外国投资者的交易目的、权益归属及潜在风险进行评估、审查，采取相应措施，以消除安全隐患的过程。投资自由化的发展，国家安全内涵、外延的扩展，均促使越来越多的国家着手建立专门的外资投资安全审查机制和机构。

全球范围内，新冠疫情延宕 3 年多，导致药品、医疗设备、防护物资、芯片等产品一度出现短缺，甚至连发达国家也未能幸免，再次引发对产业风险的关注和对抬高外资投资审查门槛的考虑。总的来看，全球范围内，外资投资安全审查趋紧。正如联合国贸易和发展会议《2022 年世界投资报告》所言，当前全球范围内投资监管不断收紧，不利于投资的相关措施数量创历史新高；越来越多的国家着手设立外资投资安全审查制度，直接影响全球超过六成的外国直接投资流入；而且外资投资安全审查的范围不断扩展，所关注的“国家安全”概念有所泛化，从仅与国防军事相关到军民两用并继续延展，数据、新兴技术等领域成为重点关注对象；多笔大数额交易因监管或政治原因被迫撤回，投资者与国家间的争端案件多达上千起；加之围绕俄乌冲突陆续出台的各类制裁、反制裁措施，进一步令全球投资安全审查措施数量创纪录增长、烈度空前迭起。

主要国家和地区在收紧外资投资安全审查方面步履不停。

美国领衔强化外资投资安全审查制度。早在1950年，美国出台《国防生产法》，就涉及了“对可能危及国家安全的兼并、收购或接管进行审查”的规定。20世纪七八十年代，阿拉伯国家石油资本大量涌入美国，促使其加大重视外资投资安全审查。1975年美国成立了美国外国投资委员会（Committee on Foreign Investment in the United States, 以下简称“CFIUS”）；1988年美国国会通过了《埃克森–费罗里奥修正案》，授权美国总统和CFIUS对外资投资进行国家安全审查，催生了世界上第一个外资安全审查的基本法和专门法。其后，美国不断对相关法律、法条和实施细则进行修订，织密了外资投资安全审查的法律网。2007年，美国通过出台《外国投资与国家安全法》，扩大了CFIUS的管辖范围。特朗普政府时期，为限制外资集中投资美国敏感行业，加大监管力度，2018年通过了《外国投资风险评估现代化法案》，将安全审查范围予以扩展，并增设强制申报制度。2020年，新冠疫情暴发以来，CFIUS继续强化外商投资安全审查、细化规定，并重点关注医疗和关键技术等领域交易。2022年，美国总统拜登发布了第14083号行政命令，旨在确保CFIUS对不断变化的国家安全风险进行强有力的审查，明确要求CFIUS关注美国在供应链弹性、先进技术、网络安全、敏感个人数据等方面的风险。

欧盟在外资投资安全审查方面，经历了相关制度与立法从无到有的过程。2017 年，欧盟委员会公布了其对外国直接投资审查的框架建议；2019 年,《欧盟外商直接投资审查条例》正式生效；2020 年,《有关外商直接投资和资本自由流动、保护欧盟战略性资产收购指南》发布，为欧盟成员国出台外资投资审查制度提供了指导。截至 2022 年 9 月，欧盟 27 个成员国中仅保加利亚和塞浦路斯尚未公开宣布建立外资投资审查机制。

此外，英国也生效了《国家安全与投资法》，日本修订了《外汇和外国贸易法》，澳大利亚、加拿大等国也不断收紧外资投资安全审查制度。

东道国作为主权国家，对外国投资进行管理，规制外资进入该国、细化外企从事相关经营活动的条件，建立外资投资安全审查机制，无可厚非。但滥用国家安全概念、以政治为引领对安全审查制度层层加码，则是有悖于平衡国家安全保护与促进外国投资的基本原则，是把外资投资安全审查措施变成了贸易保护主义的试验场、引进外资的绊脚石。

在国家安全概念泛化、投资安全审查趋紧的当下，越来越多企业正常的对外投资、并购活动受到扰乱。例如，数据显示，2021 年欧盟委员会审查的外资投资交易数量超过 400 项，广泛涉及信息通信技术、制造、批发零售、金融等行业。同年，美国 CFIUS 审查的外资投资交易总数再破纪录，金融、信息、服务部门被审交易数占据半壁江山，新兴技术、供应链安全相关交易越发被重点“关照”。

在这种背景下，中企也频繁成为外资安全审查的对象。2021年，美国CFIUS审查的涉中国投资者的交易数量大幅增加（从2020年的22项增至45项）；2008—2021年，至少有40余项交易被终止竞购、终止交易或交割后被强迫剥离。多家中国企业遭受损失，且正常经营受到影响。

但机遇和挑战总是一体两面的，中企在应对CFIUS审查方面也积累了宝贵的维权经验。例如，2012年，三一集团在美国的关联公司罗尔斯公司因收购位于美国俄勒冈州一处海军训练基地附近的4座风力发电厂，收到CFIUS以所谓“涉嫌威胁国家安全”为由的项目转让禁令；同年，时任美国总统奥巴马发布行政令，支持CFIUS。三一集团历经3年，积极维权。最终，2015年11月，美国政府撤销了强制要求罗尔斯公司出售4个风电项目的总统行政令。

中国商务部《2021年度中国对外直接投资统计公报》数据显示，2021年中国对外直接投资流量为1788.2亿美元，比上年增长16.3%，连续10年位列全球前三；2021年末中国对外直接投资存量2.79万亿美元，连续5年排名全球前三。对外投资的蓬勃发展，令中国所面临的外资投资安全审查风险敞口增大。与此同时，中国的发展、成长令部分国家和地区心态失衡、忌惮加剧，进一步推高了中国投资遭遇安全审查的风险。未来，中企“走出去”仍将继续、面临的挑战也仍会持续，企业强化日常合规经营、提高依法维权能力迫在眉睫。

供应链安全的风险

随着经济的全球化发展、国际分工不断深化，形成了现有的全球供应链布局。几乎所有国家都不同程度地参与到了全球供应链中，也几乎没有一个国家可以完全独立于他国、靠自己单打独斗来满足本国经济发展的一切需求。同时，全球供应链也是一个复杂的系统，各个流程环环相扣，任何国家、任一环节出现阻塞，都会沿着供应链网络向上下游传导，牵一发而动全身。

全球范围内，供应链中断时有发生、供应链韧性备受考验。根据咨询公司麦肯锡数据，全球“平均每 3.7 年就会发生一次持续 1 个月（或以上）的供应链中断”，“企业平均每 10 年大约会因为‘断链’而损失超过 40% 的年利润”。同时，一国在全球供应链上的分工越专业、越精细，其暴露在供应链不同环节上的风险就越多；特定产品跨国生产越复杂，所面临的供应链挑战也越大。例如，采用半导体材料制造的芯片，其生产供应环节极其精密、复杂，典型的生产过程涉及多个国家，单一产品的生产约需跨越

70 次国境边界，整个过程长达 100 天（而其中 12 天是供应链不同节点间的运输耗时），供应链风险敞口较大，整体较为脆弱。

可以说，供应链上的每一个环节都关乎国家的海外经贸合作、投资往来，供应链风险也是维护海外经济利益安全不容小觑的重要风险。保障全球供应链安全、稳定、高效运转，防范、应对全球供应链安全风险、挑战，提高全球供应链韧性，成为各国维护海外经济利益的重要目标。

近年来，供应链安全所面临的风险、挑战有所增多：2018 年，美国挑起贸易战，将其在全球高科技产品供应链上的优势作为武器对华博弈，冲击电子、半导体等产品供应，使供应链安全问题走入国际视野；2020 年，受新冠疫情影响，全球供应链“断链”频繁发生，进一步引发各国对供应链安全的关注；2022 年，俄乌冲突加剧国际地缘政治博弈，一系列制裁、反制裁措施令跨国供应链陷入危机，再次将供应链安全推上风口浪尖。随着供应链安全的重要性不断凸显，世界主要国家和地区越发将保障供应链安全、规避供应链风险，捍卫自身在全球供应链上的关键地位和主动权，视为维护海外经济利益的当务之急。

保障供应链安全需要了解供应链风险。具体来说，当前全球供应链风险多点外溢，主要体现在以下几个方面。

气候变化引发自然灾害，长期冲击供应链安全。21 世纪以来，高温、洪涝、干旱、台风、寒潮等极端气候事件的发生频率大幅增加，冲击供应链核心环节，并沿着供应链向上下游扩展、放大，推高生产、运输成本，加剧断链、断供可能。例如，2011年，日本发生近海地震，引发海啸，造成中间品供给中断，以其为关键节点的半导体、汽车等供应链断裂，直接导致当年全球相关货物出口大幅下降。又如，2021年美国得克萨斯州冬季寒潮造成严重的非计划性停电事故，多家半导体工厂被迫关闭，加剧了全球半导体供应短缺。

突发事件扰动频繁发生，不断暴露出供应链的脆弱性。过去几年来的新冠疫情，推高了全球供应链运转的外部环境不确定性，暴露了全球供应链的诸多短板。疫情之下，全球供应链多个环节一度出现人员短缺、生产不畅、运输受阻等现象，电子、汽车、制药、芯片等产品短缺时有发生，企业不得不受到生产运输成本飙升、原材料短缺、产能不足等桎梏。

俄乌冲突重创资源贸易，大宗商品供应链承压。俄乌两国是全球关键原材料、粮食和能源的供应地，冲突一度导致原油、天然气、钢铁、各类有色金属等大宗商品供应链混乱，燃料、种子、肥料和农药等农资运输供应受阻，并向全球供应链上下游渗透；同时，围绕能源、粮食展开的系列出口管制措施、贸易保护限制和供应链布局调整，进一步造成能源、粮食供应不稳，价格大起大落，使得本就不堪重负的全球供应链雪上加霜。

大国竞争加剧地缘博弈，持续危及供应链运转。近年来，贸易保护主义、单边主义、民粹主义有所抬头，加征关税、滥用出口管制、实施跨境流动限制等措施时有出现，导致国际商品流通受到严重影响。部分国家强推企业从中国回流至本国，违背了多年来形成的良好的国际分工合作，也违背了市场经济发展的客观规律，加剧了全球供应链的困境。

泛化安全滥用出口管制，层层推高供应链阻力。以美国为代表的部分国家，在半导体芯片、生物医药、工业软件等一系列尖端科技领域对其他国家实行严格的出口管制或服务限制，人为地割裂了全球供应链。例如，美国在芯片领域，对中国推出了高端芯片制造设备、相关半导体材料和设计软件断供，顶级计算芯片出口限制等措施，同时还施压日本、荷兰等企业共同对中国设限。这一做法，与半导体产业多年来形成的全球广泛布局、多国分工合作相背离，也违反了半导体技术升级发展需要国际合作攻坚的规律，令全球半导体供应链进一步承压。

意识形态引领分工布局，人为干扰供应链运转。当前，以美国为首的部分国家打着维护供应链稳定、重塑安全供应链的旗号，大肆施压全球关键领域供应链上的主要企业提供核心数据信息，危及他国产业安全；美国还通过“芯片四方联盟”、美日印澳“四边机制”、“印太经济框架”等机制，与日本、韩国、澳大利亚、印度等国，共同推动半导体、关键矿产、关键技术等方面的供应链合作，妄图形成排华供应链布局。这种以意识形态为迁移，召集所谓盟友、伙伴构建排他性供应链联盟的做法，是逆全球化大势而为，是将经济问题政治化，向全球供应链输送了新的不稳定性。

关键矿产成为必争之地，加剧资源供应链紧张。近年来，全球战略性矿产资源的争夺形势发生巨变，从保障初级矿物资源获取，转向了保障全产业链布局；从基础性的大宗商品和能源竞争，转向了保障关键矿产资源稳定供应。出于维护经济安全、赢得国际竞争和防止地缘冲突的考虑，美国、欧盟、日本等主要经济体纷纷着手构建关键矿产战略，并与部分资源国结成供应联盟。例如，美国发布《确保关键矿产安全可靠供应的联邦战略》，德国《供应链法》正式生效，欧盟推出《供应链法》立法草案，日本、印度和澳大利亚三国启动“供应链弹性倡议”，南美锂三国（智利、阿根廷、玻利维亚）谋求筹建“锂欧佩克”等，均令全球资源供应链频添变数。

上述风险对深度融入全球供应链、身为世界第一贸易大国、对供应链稳定格外敏感的中国来说，影响尤其大。对中国而言，供应链安全方面的风险挑战主要表现在：进口产品价格不稳、供应不畅；部分产业向外无序转移，潜藏产业空心化挑战；一些关键技术和产品受制于人，战略资源面临多方掣肘；直接成为部分国家贸易保护行为的“靶子”，与全球供应链上下游企业的正常合作受到人为干扰。这些风险点，对中国维护自身海外供应稳定、全力保障供应安全提出了更高要求。产业链、供应链的稳定、高效、创新，是关乎中国经济当前增长和长远发展的关键所在。可以说，稳住产业链和供应链才能稳住中国经济的基本盘，保住中国经济的竞争力。当前，中国积极作为，高度重视保障供应链安全。党的二十大报告更是首次将供应链安全提升到宏观的国家安全体系层面，强调“加强重点领域安全能力建设，确保粮食、能源资源、重要产业链供应链安全”，从战略高度为中国保障供应链稳定提出了指引。

制裁与反制裁的较量

制裁与反制裁是国家间博弈和大国竞争的重要方式。制裁是指，制裁发起国通过让被制裁的目标国受损的方式，迫使后者按照自身意志行事，而主动采取的惩罚性行动。反制裁是指，被制裁的目标国为规避或抵制制裁发起国的制裁行为及其影响，而采取的反制性行动。制裁措施较外交手段更具威慑力，比军事行动更容易实施，由此越发成为部分国家解决特定分歧与冲突的重要工具。

在经济全球化发展、主要国家经贸联系越发紧密的今天，经济制裁已然成为了常用的制裁方式。具体而言，经济制裁是由民族国家或政府间国际组织等国际行为体发起的，出于对目标国意图或行为的不满，通过贸易、金融等经济领域强制性手段，迫使目标国放弃或改变原有政策或对外行为，从而实现制裁发起方利益要求目标的对外政策工具。两国或者多国之间的重大矛盾无法通过协商予以解决时，经济制裁与军事冲突相比，无疑成为了“最好的”政策工具。

经济制裁可以分为贸易制裁和金融制裁。其中，贸易制裁是制裁发起国通过贸易领域的限制性、强制性措施对制裁目标国实行的制裁行为。其手段包括：限制与目标国之间的进出口贸易，对目标国部分或全部商品实行有限或全面的贸易禁运，对目标国实施取消最惠国待遇等歧视性政策，限制或禁止目标国在高新技术、重要能源等领域的进出口及转让，凭借制裁发起国本国的法律法规对目标国政府或企业的“不公平贸易行为”进行起诉或处罚等。金融制裁则指的是，剥夺制裁目标国获取外国资本或进入外国金融市场权利的制裁行为。其措施包括：取消对目标国的金融资助、贸易信用保证，没收或冻结目标国资产，控制目标国相关的资金流动，限制目标国被制裁对象进入海外金融市场，切断目标国获取及使用特定货币的渠道，禁止他国金融机构或企业与目标国交易等。

如果以制裁对象分，制裁则可以分为初级制裁和次级制裁。初级制裁禁止发起制裁的本国与被制裁的目标国进行贸易、金融等往来，所规制的是本国人的行为。次级制裁则是禁止第三国与被制裁的目标国之间的相关活动，所规制的是第三国的行为。

当前，诸多国家和地区对经济制裁的使用越发频繁，且不仅局限于初级制裁领域，还涉及次级制裁措施，具体情况如下。

美国是世界上运用经济制裁最为频繁的国家，其利用自身在国际资本市场、全球价值链上的优势，构建了全面制裁与精准制裁相结合、金融制裁和次级制裁相倚重的制裁体系。其制裁手段不断升级、力度不断加强，形成了包括《国家紧急状态法》《国际紧急经济权力法》《美国爱国者法》《以制裁反击美国敌人法》《美国出口管制条例》等在内的充足的法律工具包。

欧盟近年来不断充实制裁工具包，频繁出台制裁政策。其制裁的缘由也从控制武装冲突扩展至人权保护、反恐怖主义等方面。《欧盟共同外交与安全政策框架内限制性措施（制裁）的实施和评估指南》《应用限制性措施（制裁）的基本原则》等文件，均有力地支持了其对外制裁。

英国在贸易方面采取了贸易禁运和严格的出口管制等措施；在金融方面实施了资产冻结、禁止在英国市场融资、增设清算结算限制等措施。其《2018 年制裁和反洗钱法》、全球人权制裁制度、全球反腐败制裁制度等共同发力，形成了“脱欧”后新的制裁体系。

在实际使用过程中，经济、金融制裁的内容不断扩展、手段日益多样、广度不断延伸、烈度持续加强。2022 年俄乌冲突的爆发，进一步将制裁措施的使用推上了历史高点。美国联手英国、日本、加拿大以及欧盟，对俄罗斯进行极限施压，用尽、用足制裁“工具包”。例如，在金融制裁方面，祭出了前所未有的“组合拳”，包括冻结俄罗斯央行和主权财富基金的海外资产，禁止与俄罗斯央行、财政部及主权财富基金进行交易，将多家俄罗斯主要银行从环球银行金融电信协会中剔除，禁止俄罗斯主要国企和私企在西方资本市场上交易等。同时，美国还多次威胁，如有国家对俄罗斯提供“实质性帮助”，将对其发动次级制裁。

上述单边经济制裁措施，尤其是次级制裁措施的频繁使用，产生了一系列负面影响，冲击国际经济、金融体系稳定，重挫企业海外经济利益拓展所依赖的稳定环境。一方面，单边制裁削弱了以国际法为基础的国际合作体系，动摇了各国之间相互联系的全球化经济基础，使国家在国际经济交往中的正当权利面临受制约、受侵害的风险，企业在国际市场上的正常经营环境也面临被破坏、被冲击的风险。另一方面，地缘政治风险引发次级制裁担忧，企业赴海外投资设厂、对外开展经贸往来被次级制裁“误伤”的风险增加。例如，2014 年美国司法部以与美国制裁的对象国（苏丹和伊朗）持续开展美元汇款等金融交易并隐瞒事实为由，对法国巴黎银行处以了总额高达 89.7 亿美元的罚款，并对其部分美元资金的结算业务实行长达一年的冻结。美国对中国企业进行次级制裁的案例也不在少数。例如，2016 年美国以中兴通讯股份有限公司与伊朗有贸易合作为由，对其进行制裁。最终中兴通讯股份有限公司不得不接受董事会成员辞职、缴纳天价罚金等苛刻条件，其合规成本飙升，盈利能力一度出现断崖式下跌。

总的来说，单边制裁，尤其是次级制裁的使用，扩大了一国对另一国个人和实体行使立法管辖和司法管辖的能力，实际上侵犯了他国的正当权益。为抵制单边制裁、国内法域外适用和次级制裁的使用，诸多国家颁布了系列“阻断法”，并建立起了相应的机制，以阻断本国个人和实体遵守他国制裁立法，并尽可能保护本国企业、消除负面影响。

具体来看，这类阻断做法通常包括出台系列反制裁法案、优化司法程序、创新机制进行反制三方面。在出台系列法案方面，诸多国家和地区推出了具有本国特色的“阻断法”。例如，欧盟于 1996 年出台了《欧盟对第三国立法域外适用条例》(以下简称《阻断条例》)，以期对美国次级制裁的域外适用效力进行阻断；2018 年欧盟升级了《阻断条例》；其后，欧盟还针对《阻断条例》提出了诸多修改意见和评估报告。加拿大的《外国域外措施法》、英国的《贸易利益保护法》也都含有阻断性质的相关内容。在优化司法程序方面，澳大利亚颁布了《禁止特别程序法》以规制跨境取证，英国颁布了《船运合同与商业文件法》以禁止境内主体向外国法院提供商业记录和其他证据，加拿大、英国等还制定了诸如《贸易利益保护法》等专门性法律法规以抵制域外命令或裁决在本国的执行。在创新机制进行反制方面，比较有代表性的是诸多国家和地区建立了相关的结算、清算机制，以维持被制裁国正常的对外贸易、减少美国等国家的制裁影响、规避次级制裁风险、维持企业海外业务的正常开展等。例如，英国、法国、德国牵头成立了“贸易互换支持工具”，伊朗建立了“特别贸易和金融机构”，俄罗斯开发了“金融信息传输系统”，中国也着手设立了“人民币跨境支付系统”。

但是，当前国际系列反制裁措施尚不能完全消弭初级制裁、次级制裁带来的风险和负面影响。有时，反制裁措施会令处在风口浪尖的本国当事人陷入合规困境，既面临不遵守他国次级制裁、遭遇重大损失的法律风险，又面临违背本国阻断法而引发处罚和赔偿的可能。实际操作上，部分企业仍会从处罚的严格程度出发，屈服于他国制裁、次级制裁的相关法律。例如，2018 年，法国石油巨头道达尔因畏惧美国对伊朗制裁的严格法律，退出了伊朗南帕斯气田项目。同样，现有的系列清算、结算系统在短期内，仍然难以完全替代环球银行金融电信协会的影响力。可见，国际反制裁之路任重道远。

在国际制裁和反制裁斗争方面，中国一向坚持经济全球化的正确方向，推动贸易和投资自由化、便利化，向来反对贸易保护主义、反对“筑墙设垒”“脱钩断链”、反对单边制裁和极限施压。中国重视在对外斗争中拿起法律武器、运用法治手段，统筹推进国内法治和涉外法治，不断完善反制裁、反干涉、反制“长臂管辖”法律法规，充实了应对挑战、防范风险的法律“工具箱”。

参 考 文 献

1 本书编写组:《国家安全知识百问》,人民出版社 2020 年版。

2 霍建国、齐冠钧:《大重构:全球产业链供应链变局》,中译出版社 2022 年版。

3 刘静:《中国海外利益保护:海外风险类别与保护手段》,中国社会科学出版社 2016 年版。

4 潘圆圆:《海外投资国家安全审查研究》,中国社会科学出版社 2022 年版。

5 孙才华:《美国经济制裁风险防范——实务指南与案例分析》,人民日报出版社 2020 年版。

6 秦琳、丁一主编:《"一带一路"战略下充分用好"两种资源、两个市场"研究》,四川大学出版社 2016 年版。

7 王东光:《外国投资国家安全审查制度研究》,北京大学出版社 2018 年版。

8 徐以升、马鑫:《金融制裁:美国新型全球不对称权力》,中国经济出版社 2015 年版。

7

第七章

海外利益维护的社会力量

第七章

政府职能部门是维护海外利益的主体，但囿于国家属性和有限资源，政府并不是万能的。在海外利益纷繁庞大、海外安全威胁越发复杂棘手的态势下，传统以政府为主导的海外利益保障机制难以满足日益增长的安全需求，需要社会力量、多元主体广泛深入参与，充分发挥民间和市场的优势。私营安保公司、非政府组织、商会侨团等是维护海外利益的重要社会力量，其中私营安保公司是市场化手段，非政府组织是双刃剑，商会侨团则发挥着聚合作用。

海外利益维护的社会力量

私营安保公司：以市场助安全

随着全球化的不断发展、各类安全威胁的层出不穷，海外利益所面临的安全赤字越来越大，仅仅依靠政府力量无法满足日益增长的海外安全需求。“有需求就有市场”，私营安保公司逐渐承担起海外利益保护职责，已然成为维护海外利益的市场化手段与重要社会力量之一。

所谓私营安保，是与政府提供的公共安全服务相对而言的。私营安保公司是指非国家经营、以盈利为目的，专门为私人或政府提供各类武装或非武装安全服务或咨询的公司，其通过市场化方式提供安全领域的产品和服务，主要包括武装守卫、保镖、巡逻、护送、安保培训、风险咨询等。在目前的国际文件中一般将私营安保公司和私营军事公司统称为私营军事安保公司。如规制私营安保的软法性文件《关于私营军事和安保服务公司的蒙特勒文件》（以下简称《蒙特勒文件》）将“提供军事和（或）安保服务的私营商业实体（不论这些实体如何称呼自己）”都定义为私营军事安保公司。联合国也使用私营军事安保公司这一广泛的概念。这是因为私营军事公司与私营安保公司都致力于提供安全服务，它们在武装护卫等领域存在业务交叉，现实中很难将二者完全清晰地进行区分。但就性质而言，二者仍有区别，私营安保公司提供的服务多是防御性的，主要以对人员、项目和财产的保护为主。而私营军事公司除了提供安保服务，更为突出的性质是提供军事服务，比如军事训练或后勤保障等，甚至直接参与战斗。其进攻性强，带有“雇佣军”色彩，如黑水国际公司、俄罗斯瓦格纳集团等。这些私营军事公司往往有着深厚的军政背景，被所属国作为地缘政治的工具和“打手”，超越了一般意义上的海外利益保护。本节聚焦于海外利益保护中的市场化安保服务，主要介绍私营安保在维护海外利益中的作用，不对私营军事公司的进攻属性进行过多讨论。

私营安保公司是安全私有化的产物。所谓安全私有化是指在全球治理和国家安全需求持续扩大的背景下，国家提供安全公共产品的权力逐渐向下“泄露”，非国家行为体得以参与安全治理，安全领域的权力结构呈现由国家垄断向公私混合发展的趋势和现象。西方国家的私营安保业起步早、成熟度高，且很早便开始承担起海外安保的职责。当今跨国安保巨头大多起步于 20 世纪初，当时主营火灾救护、私宅保卫、夜间巡逻等业务。在 20 世纪 80 年代美国里根政府和英国撒切尔政府的公共职责外包大潮下，其业务进一步扩展到公共秩序维护、武装押运、监狱管理等领域。冷战结束后，随着各国军备裁减、私有化浪潮以及世界范围内各类安全威胁的增加，私营安保产业进入蓬勃发展期，逐渐成为安全治理的重要行为体。特别是在一些战乱国家和动荡地区，国家或企业利用私营安保公司进行资产和人员保护变得越来越普遍，购买私营安保服务来维护海外利益成为常态。美国劳工统计局曾发布报告称私营安保行业是维护美国国内安全和海外安全的重要组成力量。联合国等国际组织也开始购买私营安保公司的服务，2012 年联合国安全和安保部公布《私营安保公司武装安全服务使用指南》，私营安保公司被赋予合法身份，2014 年联合国南苏丹特派团将部分安保工作外包给一家注册地在南非的私营安保公司。有研究显示，2022 年全球安保市场规模为 1197.5 亿美元，到 2030 年预计达 2252.1 亿美元。

私营安保公司在维护海外利益方面有着显著优势。一方面，私营安保公司可以弥补政府在海外利益保护中的“力不从心”，特别是能够高效灵活地填补海外利益保护中硬实力的缺位。以政府主导的海外利益保护模式在重大事件应急处置方面具有无可替代的优势，但海外利益的分布点多面广，大部分情况下海外企业、公民面临的是日常安全威胁，这时母国政府的作用就变得较为有限。此外，母国政府动用武装力量进行海外利益保护易引发东道国属地权力和国籍国属人权力之间的矛盾冲突。而东道国政府的保护实力和意愿更是参差不齐。在这种情况下，私营安保公司可以成为海外利益保护的有效补充力量。私营安保公司能够提供全方位安保服务，迅速有效地应对武装冲突、政局动荡、恐怖主义、社会治安及海盗犯罪等带来的安全威胁。由于其不属于军队或政府机构，政治敏感度较低，因此还可以完成一些军队不便执行的任务，避免与他国产生主权、法律冲突。另一方面，私营安保公司的商业化市场化属性意味着其拥有着专业性强、针对性强、性价比高等优势。私营安保公司的业务范围早已超出简单的“看家护院”范畴，除了传统的武装安保，私营安保公司还提供风险评估、安全咨询、安全培训、现场保护以及应急援助等。集人防、物防、技防为一体，将专业化信息收集、风险评估预警、武装护卫、准军事化应急处突等全部囊括，是当前国际私营安保业的主要业态特征。

以肯尼亚 KK 安保公司为例，其是东非地区首屈一指的本土安保公司，总部设在肯尼亚内罗毕，并在坦桑尼亚、乌干达、卢旺达、布隆迪、马拉维、刚果（金）等多国设有办事处，雇员总数达 25000 多名。 KK 安保公司主要提供物理安保、应急响应、犬防、危机管理、安全咨询、旅行安全、设施管理、护航救援、大型活动安保等服务。其特色为“分级安保计划”，集成人防、物防、技防，在分析客户安全漏洞基础上提供量身定制的安保方案，进行安保设备的安装调试、安保人员的布置及信息安全程序的开发 。美国驻肯尼亚大使馆就曾雇佣 KK 安保公司为其提供安保服务。2012 年，中国电力建设集团有限公司所属中国水利

水电建设股份公司苏丹公路项目组 29 名中方人员在苏丹遭劫持，获救后飞抵肯尼亚中转回国，在肯尼亚停留期间，KK 安保公司为我国提供巡逻守卫服务。

经过长期发展，私营安保公司参与海外利益保护已呈现出多元化的发展模式，主要包括：以母国私营安保公司为主体，在东道国设办事处；与东道国安保公司合作成立合资企业；在东道国设立分公司或直接并购当地私营安保公司等。多元化的发展模式大大提高了私营安保公司提供海外安保服务的能力与效率，从而进一步提升了私营安保公司在海外利益保护中的地位。目前，全球主要资本输出国基本都有自己的国际化私营安保公司为其海外资产、项目和公民提供安全服务，如英国的杰富仕、化险咨询，瑞典的塞科利达，美国的安达泰、戴阳国际、联合环球，西班牙的保赛固等。这些西方私营安保公司也几乎垄断了全球安保行业。其中杰富仕是全球最大的私营安保公司，因拿下 2012 年伦敦奥运会安保合同而名声大噪。目前杰富仕已在全球 125 个国家开展安保相关业务，拥有的雇员人数超 62 万，在非洲 29 国的员工人数超 11 万。

当然，私营安保并不是海外利益保护的“万灵药”，其在参与安全治理的过程中也伴随着丑闻与非议，如过度使用暴力、伤害平民、违反当地法律等。特别是在一些欠发达国家，由于国家力量的不足，私营安保行业在当地实际上处于“法律真空”状态，很多在母国遵纪守法的私营军事安保公司在东道国却可能不受制约地为所欲为。最为典型的例子是臭名昭著的黑水国际公司巴格达枪击案，2007 年黑水国际公司安保人员在护送美国国务院一列车队时非法滥用武力，在伊拉克巴格达尼苏尔广场枪杀了 17 名平民。

为了规范国际私营安保市场，国际社会已经出台了一些国际规制，主要包括基于国家行为体的《蒙特勒文件》，以及基于企业行为体的《私营安保服务供应商国际行为守则》（以下简称《守则》等。《蒙特勒文件》确认了国际私营军事安保公司的合法性，同时规定了注册国、东道国和缔约国均需为私营安保公司的行为承担相应的法律责任，建立相应的授权、监督和问责体系。《守则》则从公司内部管理的角度要求所有签字成员落实《蒙特勒文件》所提出的一般原则，承担起对雇员、客户、供应商、股东以及当地居民所负有的人道主义责任，并倡导建立由国家、行业和社会代表共同参与的多元利益攸关方监督机构。《守则》依托于一个同名协会——私营安保服务商国际行为守则协会。该协会在当前的国际私营安保治理中扮演着越来越重要的角色，一方面，它可以对成员公司进行监督、问责和处罚；另一方面，其成员资格是许多国家和国际组织选用私营安保公司的重要参考标准。截至 2023 年初，该协会已有澳大利亚、加拿大、挪威、瑞典、瑞士、英国和美国 7 个国家政府会员，113 家公司会员，50 个民间社会组织会员和 65 名观察员。不过，现有的国际规制并没有法律约束力，规范私营安保公司的全球治理仍任重而道远。

随着中国的企业和公民大规模“走出去”，私营安保公司也日益成为中国海外安全的重要维护者。一开始，中资企业、机构大多购买西方国家私营安保公司的服务。2004 年 6 月 10 日，中铁十四局集团有限公司在阿富汗昆都士遭遇恐袭，造成 11 死 4 伤。事件发生后，中铁十四局集团有限公司选择了美国安保公司负责其项目的安保，共进驻了 150 多名安保人员。此外，国际安保巨头也纷纷进驻中国市场。2001 年杰富仕进入中国市场，2016 年在香港上市的先丰服务集团致力于为共建“一带一路”倡议提供安保服务。

与此同时，越来越多的中资私营安保公司开始参与我国的海外利益保护。我国私营安保行业起步较晚，海外业务拓展亦较晚。一般认为 2003 年中安保实业集团有限公司在柬埔寨设立分支机构，负责中国银行柬埔寨金边分行的武装押运，是中国安保公司开展海外业务可查的最早记录。近年来，随着共建“一带一路”倡议的提出、中国海外安保需求和市场的扩大、国内保安服务管理体制的改革，中国私营安保公司“走出去”的步伐日益加快。2012 年，华信中安集团（以下简称“华信中安”）启动海上武装护航业务，打破了国外私营安保公司对中国远洋武装护航市场的垄断；2013 年，山东华威保安集团与南非雷德保安公司联合成立南非华威雷德保安服务公司，是中国安保企业在外成立合资企业的首次尝试；2017 年，中城卫保安服务集团全资子公司中城卫安全管理有限公司在巴基斯坦正式获批成立，成为中国私营安保企业在巴基斯坦成立的第一家独资安保公司，也是巴基斯坦历史上首家获批成立的外国安保公司。2019 年 12 月，中国保安协会发布《保安企业境外经营服务指引（试行）》，这是我国首个针对安保公司境外经营服务活动的专门性文件，为中国安保企业在境外提供安全服务做出了规范指导。

目前，中资私营安保公司在驻地安保、海外护航、海外安全风险评估、海外安全培训、海外应急救助等方面成效显著。例如，在驻地安保方面，德威国际安保集团（以下简称“德威集团”）所属的北京德威保安服务有限公司承担中国石油化工集团有限公司（以下简称“中石化”）在巴基斯坦、也门、苏丹、尼日利亚、阿尔及利亚、沙特阿拉伯等国的项目驻地安保任务。在海上护航方面，截至2021年12月，华信中安海上武装护航总队共为中外船舶提供了7600多次护航服务，护卫和培训船员约17万人次，期间共驱离海盗骚扰190余次，击退海盗袭击120余次，跻身国际海事安保公司前三甲。在风险咨询评估方面，各大私营安保公司均设有海外安全风险评估部门，国内还出现了不少专门的安全风险评估机构，如东方锐眼风险管理顾问有限公司，曾为中巴经济走廊重点项目提供综合风险评估。在安全培训方面，德威集团、伟之杰安保集团等安保公司为中国石油天然气集团有限公司、中石化等企业开展海外安全培训。在应急救助方面，2016年，南苏丹首都朱巴爆发严重冲突，德威集团租用两架包机，积极配合我驻外机构和中资企业，将300多名中国公民安全转移至肯尼亚；中保华安集团有限公司（以下简称“中保华安”）设立“中国公民与企业机构安全援助热线”，提供24小时线上咨询服务和线下紧急援助，配合我国驻外使领馆处理多起中国公民海外失联、失踪和遭电信诈骗等突发事件。

但目前我国私营安保公司开展海外业务仍面临不少困难与阻碍。一是我国目前尚无指导和规范有关私营安保公司提供海外服务的专门立法，在涉及安保公司及其人员的海外从业资质、业务范围、行业标准等方面缺乏法律依据和政策支持保障。二是目前我国私营安保公司的国际管理和海外本土化运营能力较为欠缺，海外业务范围有待扩展，尚未形成成熟完备的系统化、全链条服务模式。三是我国私营安保公司与国际标准对接得还不够。中国是最早签署《蒙特勒文件》的 17 个国家之一，但目前只有汉卫国际安全护卫有限公司、华信中安等少数几家中国私营安保公司加入了私营安保服务商国际行为守则协会。四是西方国家对我国私营安保公司的恶意打压风险高企。西方私营安保公司起步早、体系完善，长期以来在全球处于垄断地位，其自然不希望看到中国的私营安保公司“分走蛋糕”。随着我国私营安保公司在海外不断发展壮大，美国智库、媒体等多次炒作“中国私营安保公司威胁论”，未来中国私营安保公司海外业务的正常发展恐受干扰。

面对海外安全赤字，私营安保公司可以说是一剂对症的药方。如何最大程度发挥药效、降低副作用，是我国在利用私营安保公司进行海外利益保护过程中不得不思考的问题。对于我国而言，将私营安保公司纳入国家海外利益保护机制体制建设，用好国际上的私营安保公司，尽快培育自己的私营安保公司，积极参与和私营安保相关的国际规则制定和全球治理进程，多管齐下才能趋利避害、护卫“海外中国”的安全。

非政府组织的“群众路线”

“一切为了群众，一切依靠群众，从群众中来，到群众中去”是我党的群众路线。海外利益保护也要走国际群众路线。非政府组织构成了同当地民众沟通的重要桥梁，特别是在发展中国家，非政府组织为当地的建设和发展作出了突出贡献，甚至深度参与地方治理，获得了社会民众的认可。全球约有 20%—30% 的人直接受益于非政府组织的活动，80% 的人赞同非政府组织积极推动了社会变革。做好非政府组织工作，就能和所在国“打成一片”、深入人心，反之，则事倍功半、费力不出彩。

据 2015 年报告显示，全球约有 10 万个非政府组织。非政府组织本身性质纷繁复杂。有国际性的非政府组织，有半官方的非政府组织，还有商业性的、智库性质的、非营利性质的非政府组织；在广大发展中国家，还有许多非政府组织游走在合法与非法边缘。它们的目的和宗旨也大相径庭，有的关注环保、减贫、脱困，有的致力于教育、科技、发展，还有的抱有政治目的，谋求在政治和外交等“高领域”进行引导、参与、干预。此外，非政府组织与政府的关系非常复杂，主要包括依赖、合作、对抗三种类型，非政府组织既可能依赖于政府在资金等方面的扶持，还需要与政府部门合作，也会与政府产生冲突。

对中国海外利益保护而言，做好非政府组织工作，主要包括以下四方面内容：一是发挥同所在国当地本土非政府组织的协同作用；二是同美西方国际非政府组织（INGO）开展竞合和斗争；三是随着中国海外利益的不断拓展，探索新的非政府组织工作思路；四是支持中国民间组织走出国门。

本节以东南亚地区为例，依靠一些案例进行具体解读，并提出相应的思考。

借鉴美西方非政府组织活动经验，分类施策维护海外利益——以柬埔寨为例

根据柬埔寨合作委员会的统计，该国合法注册的非政府组织数量多达3000个，是世界人均非政府组织数量第二多的国家，仅次于卢旺达；其中活跃的有1000多个，平均每1万人就有一个活跃的非政府组织。

在柬埔寨的非政府组织类型多样，关注的议题也非常丰富，非常便于从中观察非政府组织之间以及与政府、企业和民众的紧密联系和互动。

柴阿润水电站（又译作茶润水电站）就是这样一个典型例子。2014年，某中企同柬埔寨矿业与能源部签署了开发谅解备忘录，然而反对声音不断升级，多家非政府组织联合递交请愿和评估报告，要求终止项目，还有非政府组织联合当地村民阻挠勘测，并在政府门前聚集抗议。这些活动引起反对党救国党的关注，该党利用该事件向政府施压。迫于压力，2015 年时任柬埔寨首相洪森宣布搁置该项目。

大量非政府组织搅入事件之中，较为突出的如下表。

表 7.1　参与柴阿润水电站事件中的非政府组织

名称	类型	总部位置	领域	在柴阿润水电站事件中的行动
3S 河流保护网络（3S Protection Network，3SPN）	本土 NGO	柬埔寨	河流保护	游说政府，通过社交媒体宣传
柬埔寨大自然母亲（Mother Nature Cambodia，MNC）	本土 NGO	柬埔寨	环境	联合民众，拦路上书
柬埔寨问题非政府组织论坛（The NGO Forum on Cambodia）	伞形 NGO	柬埔寨	综合	构建跨国网络，形成国际压力
柬埔寨河流联盟（Rivers Coalition in Cambodia）	伞形 NGO	柬埔寨	大坝、环境	构建跨国网络，形成国际压力
保护国际基金会（Conservation International，CI）	在柬 INGO	美国	环境	发布环境评估报告，游说政府
野生动物保护协会（Wildlife Conservation Society，WCS）	在柬 INGO	美国	生物保护	发布环境评估报告

续表

名称	类型	总部位置	领域	在柴阿润水电站事件中的行动
地球权利国际（EarthRights International，ERI）	国外 INGO	美国、缅甸	环境	通过社交媒体宣传
国际河流（International Rivers，IR）	国外 INGO	美国	河流与大坝	发布报告，通过社交媒体宣传
世界自然保护联盟（International Union for Conservation of Nature，IUCN）	国外 INGO 联盟	瑞士	环境，可持续水资源，跨界河流治理	制定行业标准，传播知识信息

（注：NGO 为非政府组织，INGO 为国际非政府组织）

不同的非政府组织利用各自的特点和优势采取相应的行动。本土非政府组织较为灵活、同民众关系更近，更容易在民众中传播信息和塑造话语，把发动群众作为主要手段，联合他们发起封路等行动抗议。伞形非政府组织容易形成跨国网络，在区域平台形成支持。而国际非政府组织则倾向于传播科学、知识和理念，通过游说、建议的方式试图影响政府改变决策。

同时，我们可以明显看到，柬埔寨的非政府组织流动性、号召力强，本土和美西方的非政府组织时常会有合作，甚至会有利益交换，在这样的重大事件中往往会各有分工、深度配合，在国内、地区乃至世界范围内调集资源，形成跨国力量。保护国际基金会和野生动物保护协会等美西方的国际非政府组织联合开展活动，积极推动境内外其他非政府组织参与到水电站事件中，使事件的影响范围扩大。柬埔寨大自然母亲等本土非政府组织在发动民众的同时，借助反对党派扩大影响。国际河流、地球权利国际、3S 河流保护网络等还通过直接与政府间国际组织对话，给柬埔寨政府造成了国际压力。

在这次事件中我们还看到，最终中国因素成为国内党派纷争和地缘政治博弈的工具。非政府组织，特别是美西方的国际非政府组织善于借助所在国内种种政治、社会力量，以此为抓手向政府施压，给政府带来国际舆论压力，从而直接影响决策。

可见，非政府组织有时候是影响海外利益的关键力量，在政府和企业之外，非政府组织对共建“一带一路”项目实施也产生了深刻甚至是决定性的影响。在许多发展中国家，本国治理体系复杂，利益参与者众多，利益诉求多元，一旦考虑不周全、不到位，相关项目就会遇到阻力。

这一现实也告诉我们，非政府组织同样可以作为做为海外利益的民意“后盾”。像柬埔寨这样的国家，如果能学习美西方的动员经验，发挥好当地非政府组织的独特优势，将它们作为中国海外利益社会动员的工具，使当地民众支持中国的项目，则可减少推进阻力，服务于中国的海外利益。要因国施策、因议题施策、因组织施策，做深、做细，了解、掌握涉及中国海外利益的种种行为体，加强对话、加强协调合作，借助各类组织的领域专长和动员能力，使之能为保护中国海外利益所用。

摒弃美西方在利用非政府组织维护海外利益时冲突博弈的思维——以湄公河跨界水资源开发和管理中智库的作用为例

湄公河水资源问题极为复杂，各行为主体既深度互动，又各怀心思。近年来，美西方在湄公河合作上不甘落后，加强湄公河—美国伙伴关系，搭建“湄公河之友”，着眼资源环境、非传统安全领域，谋求对冲澜湄机制，使形势更为复杂。

在湄公河水资源的议题上，美西方传统形式的非政府组织与当地也有着类似前述案例中存在的种种互动，此处不再赘述。而对于水资源开发和管理这样的专业议题，智库形式的非政府组织（如斯德哥尔摩环境研究所、史汀生中心等）的角色更值得关注，它们以政府间国际组织为桥梁，影响了湄公河流域各国的政策和决策。

这些美西方智库形式的非政府组织对河流的水文、生态，以及流域的社区、生计等有着深入研究，大多聚焦于湄公河干流大坝建设对河流生态系统造成的影响。它们的研究不光为非政府组织推动社会运动、权益保护提供了知识基础，也得到了联合国、世界银行、亚洲开发银行等政府间国际组织的大力支持。它们的研究成果和知识生产，为政府间国际组织提供了重要智力支持，并深度融入了政府间国际组织为所在国提出的政策建议当中。而政府间国际组织对中小国家的政策议程有着强大的影响力。以世界银行和越南为例，世界银行发布的越南系列报告，如 2016 年《系统性国别诊断》、2016 年《2035 年越南：走向繁荣、创新、公平、民主》、2020 年《充满活力的越南》、2022 年《越南之花应当如何绽放》等，得到了越南政府的高度认可。在这些报告中提出的系列发展倡议多已被纳入越南本国的发展蓝图之中。

同时，对于湄公河流域的国家来说，丰富的域外援助是国家发展的重要资金来源。通过"拿援助说事"以实现援助方的利益是常见的事情，智库形式的非政府组织在其中起到了推波助澜的作用。例如，史汀生中心 2022 年发布了《履行越南 COP26 承诺：可再生能源和河流保护的区域领导者》报告，这篇报告吹捧了越南实现气候承诺的雄心壮志，又以国际金融机构资助越南、老挝发展太阳能和风能，支持越南可再生能源转型为诱饵，施压越南放弃资助老挝开发水电站。又如，2016 年，湄公河委员会的发展援助方认为越南在反对沙耶武里、栋沙洪等有争议的水电项目上表现乏力，决定将援助资金预算从 2011 年至 2015 年的 1.15 亿美元削减至 2016 年至 2020 年的 5300 万美元。

智库形式的非政府组织同政府间国际组织的关系告诉我们，美西方非政府组织与我国维护海外利益工作有很大不同。总体看，对于旨在维护湄公河水生态环境的善意、良性举措，如数据共享、交流、培训，甚至“大坝监视器”等美西方智库主导的态势感知工具，它们能避免相同公共产品的重复生产，对形成良好、健康的地区内水资源格局利大于弊。对于把中国塑造成水资源霸权者的恶意抹黑，以及挑拨各国关系、损害“澜沧江—湄公河”一线整体安全的行为，要有适当的反制措施。

探索“政府＋非政府组织”的新型海外利益保护模式——以越南工会为例

根据越南《工会法》，越南工会是“在越南共产党领导下……自愿成立的政治社会组织”，但众所周知，越南的工会比其他社会主义国家的工会要独立。越南工会的性质处于中国的工会（群团组织）和西方国家工会（非政府组织）的光谱中间，其名义上属于官方性质的组织，但其行为实践类似半官方性质的非政府组织。特别是越南在加入《全面与进步跨太平洋伙伴关系协定》后修订了《劳动法》，自 2021 年起允许工人自行创立或加入独立工会。未来越南多元工会制趋势难改，国际工会组织已经试图同越南建立联系、传授经验。越南工会将进一步复杂化。

越南工会的特色，我们可以通过越南劳工活动的具体实践——罢工来观察。越南每年都会发生很多罢工事件，“享誉在外”，国际投资者啧有烦言。越南《劳动法》明确规定了劳动争议的处理程序以及罢工的手续和程序，规定罢工必须由企业工会领导，若没有企业工会，则必须向县级工会报告。但事实上，由于罢工程序很复杂，越南合法的罢工很少，换句话说，越南的大多数罢工都是未经批准、不走程序的罢工。

在这些罢工活动中，越南工会并非毫无作用，但只是作为参与者出现，表现出的行动效率较低。例如，工会会出面“和稀泥”；在谈判过程中，工会传递工人诉求，在沟通方面能发挥一些作用。总体看，越南工会，或是说越南政府，对于这些零散的、不合法的罢工，态度是放任纵容的、模糊的，甚至偏袒工人，实际上起了推波助澜的作用。由于罢工能为越南工人带来实际的好处，能帮助越南工人增加劳工权益或福利，所以官方一般“睁一只眼闭一只眼”。同时，越南劳动力流动性偏低，除少数大型工业区能吸引跨区域劳动力外，多数企业的越南劳工以本地人居多，当地政府也有动力去保护“自己人”。实际上，工会介入到罢工事件中的目的，不是要去干预未经审批的违法罢工，也没有意愿和能力领导罢工活动，而仅仅是为了避免单个企业发生的零散事件串联、扩散，影响社会整体稳定。

在广大发展中国家，特别是一些“强政府”国家，还有很多类似于越南工会的组织。甚至有的表面看似民间组织，却同官方有着隐秘的关系，如越南河流网络。这样的组织位于官方与普罗大众之间，做好它们的工作，能更清晰地了解官方立场，起到上通下达的效果，合作成效也会更好。像越南工会这样在实践中地位模糊的组织，若与之加强合作，推动强化当地企业的工会组织建设，则既能够在维护中国海外利益中发挥作用，也有助于维护当地的社会稳定，既利己又利人，起到双赢效果。

这一案例告诉我们，在维护海外利益时，政府的官方渠道和民间公共外交渠道（如非政府组织）不是完全孤立的两条线。可尝试打破二元对立思维，探索“政府+非政府组织”之道，即在二者相互协同的基础之上，主动推动中国官方、中国民间及企业、当地政府、当地非政府组织4个渠道的有机、有利融合。

加强中国民间组织国际化能力建设，护航海外利益

中国和东盟建立了全面战略伙伴关系，树立了双方关系史上新的里程碑。“民心相通”不仅是中国—东盟“五大家园”的应有之义，也是维护中国海外利益的法宝。东南亚是中国海外投资的重点区域。中国在共建“一带一路”投资流量前十大国家中，东南亚国家就占到了7个。

其中，中国民间组织作为参与国际事务、开展民间外交的重要力量，正加快走进东南亚。一方面，中国的民间组织迫切需要紧随企业“走出去”的步伐，增进与其他国家的互信合作，通过民间交流帮助企业了解相关政策，有效地协助企业解决环境、社会等一系列跨境问题，并帮助企业规范投资行为。另一方面，东南亚多国仍面临减贫脱困的问题，东南亚当地的非政府组织也迫切希望与中国的民间组织沟通交流，开展互学互鉴，提高本国的社会治理水平。

但是，相比于日本、韩国等先发国家，中国民间组织跨国工作的能力和经验仍有差距。日本、韩国的民间组织在20世纪80年代就开始进入东南亚地区工作，而中国的民间组织在东南亚地区的工作历程较短，需要大踏步地赶上，快速有效地提升能力，特别是适应性、沟通能力等方面。

为提升民间组织海外工作的能力，在各个中国民间组织之间、中国民间组织与所在国当地非政府组织之间，甚至尝试在中国民间组织与美西方国际非政府组织之间，应打破藩篱、开展协调合作；中国官方也可搭建相应的服务和管理平台。这能够促进机构之间的相互学习和协作，加强中国民间组织对于对象国语言、文化、知识的积累，快速接触对象国资源和人脉，搭建起沟通交流的网络。同时，民间组织能够弥补政府外交的短板，就一些敏感议题充分互动，挖掘潜在的海外利益保护的合作点。

简而言之，就是要通过合作提升能力，同时探索具有中国特色的模式，将中国民间组织作为推动国际区域合作的重要公共外交手段，这既有利于深入维护和塑造中国的海外利益，同时也是对人类命运共同体和全球安全倡议的积极践行。

商会侨团的聚合力量

华侨华人一直心系祖国，为中国改革和发展事业作出了突出贡献。华侨华人数量庞大，据2016年数据统计，全球约有25000个华侨华人社团。

为便于理解，本节简单地将华侨华人社团分为两类，一类是近年来日趋发展的华侨华人商会，另一类是传统意义的“同乡会”等组织，即侨团。需要注意，有两类商会，即中资企业发起的商会和华侨华人创办的商会，二者的名称往往很接近，如老挝中国总商会、马来西亚中资企业总商会（属于前一类）；老挝中华总商会、马来西亚中华总商会（属于后一类），本节主要讨论华侨华人创办的商会。

这些商会侨团多分布在中国海外利益的富集区。如何充分发挥华侨华人的智慧，撬动其在海外的资源，对维护中国海外利益，具有较强的战略意义。商会侨团在保护海外利益中能够发挥“联结中外”的聚合作用，形成互利共赢的态势，主要体现在应对突发事件、参与经贸往来、发挥政治影响力三个方面。

商会侨团应对突发事件

在应对海外重大突发事件时，政府毫无疑问能调动起巨大的人力、物力，但商会侨团在其中也起着不小的作用。

在突发事件前，这些深深扎根民间的商会侨团，能够早早地通过不同渠道获取信息，预警海外利益风险。2011年利比亚危机发生前，商会侨团利用其本土社会资源，及早预警，提醒在利中国公民尽早选择商业航班、船舶等交通方式撤离。2015年3月也门撤侨事件前，由于侨胞对也门局势恶化早有洞悉，均提前有所准备，当中国军舰抵达也门港口——亚丁湾之前，商会侨团就早早联合各种渠道广泛告知了这一消息，使距离较远的人员也能及时赶赴港口。

同时，商会侨团在突发事件中能够协助官方提供公共产品和公共服务。中资企业、华人商会联合当地民间组织分担核实人数、联系登记、购买物资、确定安置场所等具体工作。例如，在利比亚撤侨行动中，希腊的商会侨团也参与进来，为相关人员安排酒店、医院、客车，共协助撤出13433名中国侨胞，另外还有2000名来自越南、孟加拉国、柬埔寨等国的侨民。2015年也门撤侨，在组织人员登舰撤离时，商会侨团积极协助中方对撤离队伍进行安检。2022年俄乌冲突爆发后，商会侨团迅速组织起来，或传送消息、协调物资，或奔赴边境口岸、火车站、难民营一线，帮助中国留学生和侨胞撤离乌克兰。

商会侨团还积极参与当地危机事件的救援和善后。2015年尼泊尔地震，当地华侨华人不仅全力配合撤侨，还积极参与赈灾。尼泊尔博卡拉华侨华人协会参与了救援，比国际专业救援队

到达尼泊尔震区还要早；马来西亚华人公会在地震发生后的第一时间设立了“尼泊尔地震赈济基金”，动员各界慷慨解囊。2015年8月泰国曼谷发生爆炸，大量的中国籍伤员被送往医院，但因语言不通面临困境。当地商会侨团迅速组织海外侨胞前往医院帮助医护人员开展救治工作，并协助使馆做好遇难者的善后工作。

近年来，中国更加注重预防预警工作，特别是在一些动荡地区，有针对性地主动动员商会侨团等社会力量参与领事保护工作，在一定程度上化解了人手有限、手段不足的难题。例如，中国驻迪拜总领馆建立了使领馆、迪拜有关部门与当地华商之间的联络协调机制，同时还与警方开展了密切合作。在新冠疫情期间，中国驻多国使领馆构建了使领馆、中资企业、商会侨团、民间力量参与的多维保护机制，尽最大努力化解疫情风险。

商会侨团参与经贸往来

商会侨团在经贸往来中发挥了很大作用。对于中国来说，大量华侨华人响应号召，引资入境，有力支持了中国的经济社会发展。例如，据福建省政府侨办统计，福建省在2012年至2022年10年间累计引进侨资企业7039家，实际利用侨资360亿美元，占该省吸引外资的八成。对于所在国而言，他们从中国进口并在当地销售中国商品，构筑了中国与海外民间经济交往的平台。例如，2017年，巴西自中国进口的商品额为270多亿美元，而华侨华人就贡献了100亿美元。

更为重要的是，进入新时代，商会侨团扮演着新角色。它们不再仅起着团结、聚合华侨、华人、华商的作用，而是超越了传统的小圈子，日益广泛地参与到中国与当地的经贸合作中，为中国企业在当地投资提供信息、建立渠道、打造平台，发挥协同性作用。一些地区性商会兴起，多以中国省市命名；中国各省区市官方也积极响应、建立联系，将其作为本省市对外商贸交流的平台。

商会侨团还投身共建“一带一路”倡议，使其与中国的整体联系越来越密切。例如，2016年，马来西亚中华总商会作为马来西亚全国总商会的五大组织成员之一，推动建立了“‘一带一路’委员会”，以协调共建“一带一路”项目的实施。2017年新加坡中华总商会在重庆设立其全球第二所办事处，以抓住中国西部地区发展和共建“一带一路”的新机遇。

当前，在经贸往来中，商会侨团既是传统的推动者，更越发表现为受益者。发展与中国的经贸投资关系，已然成为华商财富增长的重要渠道，其资本链、技术链、供应链对中国的依赖更强。商会侨团在参与经贸往来的同时，维护、扩大自身利益，如关注产业链、资产投资等，也间接维护了中国的海外利益。

以中老铁路为例。从事贸易的老挝华侨华人手中的高达90%的产品是从中国国内运过来的，但老挝基础设施差，采取传统陆路运输时间长、事故多、货损高。中老铁路的开通大大降低了成本，保证了时间，使他们过去想都不敢想的水果贸易变成了可能。目前经由铁路的货运种类由初期的化肥、百货等100多种扩展至电子、光伏、冷链水果等1200多种。过去，老挝华侨华人的货物来源集中在东部沿海地区，但现在随着中老铁路与西部陆海新通道、中欧班列等对接，一些西部城市也进入了他们的贸易范围。同时，中老铁路还使经由老挝中转至泰国等周边国家更为便捷，使老挝商会侨团与周边国家商会侨团关系更加紧密。此外，在老挝的商会侨团既了解中国，也了解老挝，优势明显，能够更早获取信息，抢占先机。老挝广西同乡会创会会长邓良慧说，他提前几年就开始在铁路沿线站点布局固定资产，2021年中老铁路开通运营以来，其投资的固定资产收益较为明显。

正如老挝中华总商会会长姚宾所说，“归根结底，是中国的发展给了我们更高平台，我们才有了更多机会。喝水不忘挖井人，中国的发展是我们所有机会的来源”。

未来，商会侨团的视野势将越放越宽。2023年由泰国中华总商会举办的第十六届世界华商大会，称要“在新时期推动世界华商国际化、多元化合作，促进泰国与世界各国商贸、投资的互联互通，共同推动世界和平稳定和区域全面贸易伙伴关系协议”。商会侨团以经贸往来为主线，将有力地推动人类命运共同体的建设，促进中国的海外利益、世界的共同利益。

商会侨团发挥政治影响力

商会侨团不仅凝聚了所在国华侨华人的力量，还聚焦族群共同命运，积极支持华人参选、参政。它们通过融入主流社会，发挥政治影响力，既维护了华人族群的利益，也促进了中外友好，对维护中国海外利益起到积极作用。

政治影响力体现在公共外交和政治参与两方面。

一方面，商会侨团积极推动公共外交，参与到宣传中国形象、配合中国话语、反对反华行径等事件中。商会侨团是各国民众了解中国的桥梁和认识中华文化的窗口，东南亚国家的一些商会侨团特别是华文学校为促成建设孔子学院发挥了重要作用。“世界华文媒体合作联盟”担负起真实地向世界讲好中国故事，向世界展现可信、可爱、可敬的中国形象的任务。一些商会侨团面对当地政府及传媒针对华侨华人的不公行为或不当报道，勇敢站出来维权。商会侨团还强烈反对各种分裂势力和分裂活动。统计显示，海外侨胞自发成立了 200 多个反独促统组织。他们从行动上与“台独”作直接斗争，从舆论上揭露“台独”的阴谋。商会侨团还与其他分裂势力进行不懈斗争，客观宣传中国真实情况，坚决支持中国政府打击分裂势力，以维护中国民族团结、社会稳定、和平统一。

另一方面，商会侨团也是重要的政治参与者。一些顶层的商会侨团，特别是东南亚国家的上层商会侨团，是所在国重要的政治、社会力量。如拥有逾百年历史的新加坡中华总商会、马来西亚中华总商会，还有菲律宾、泰国的一些商会侨团，它们拥有深厚的政治背景、社会声望、国际声誉，且同高层关系紧密，当地政府官员甚至国家领导人经常成为座上宾。如菲律宾丝绸之路国际商会，虽然其成员以华人企业家为主，但其咨询委员会成员多由菲律宾工商联合会的政府官员构成，并聘请了菲律宾前总统阿罗约任永久荣誉主席。

另外，随着华侨华人进一步融入当地社会，他们的参政意识不断增强，积极投身政界，或努力争取话语权。泰国、马来西亚等国华侨华人参与政治较早，势头一直持续。例如 20 世纪 80 年代的泰国，华人银行家黄闻波担任泰国服务院的副总理，华人企业家云逢松担任泰国财政部长。在 2018 年的马来西亚大选中，10 多位华裔当选内阁成员和国会议员，包括林冠英当选财政部长，陆兆福当选交通部长，多个部门有华裔副部长。同时，近年来，越来越多的华侨华人在美西方国家选举中崭露头角。在美国，杨安泽曾宣布参与竞选美国总统，华裔部长赵小兰自 2001 年就进入内阁，在州、市级别的选举中，参政华裔更多。2022 年，吴弭成为美国波士顿首位华裔女市长，沈观健成为加拿大温哥华首位华裔市长。2022 年美国中期选举，仅南加州圣盖博谷地区就有近 50 名华裔候选人，创当地华裔参政历史之最。

进入新时代以来，中国开始提出构建“大侨务”体系的新理念，凝聚侨心、发挥侨力、维护侨益，全方位改革并推进侨务工作，为侨服务的能力和机制日臻完善，取得了不少成果。当前，商会侨团同中国的联系越来越紧密。期待它们未来能够深度发挥聚合力量，成为中国维护海外利益的重要力量。

当然，华侨华人问题一直是一个复杂而敏感的问题。在个别对中国不太友好的国家，甚至发生过反华暴力事件的国家，商会侨团处境敏感，其政治、社会活动受到种种明暗束缚，仅勉强能够维护自身利益，参与中国海外利益保护恐怕力有不逮。

参 考 文 献

1　祁虹、周章贵:《“一带一路”海外利益维护与境外安全管理》，法律出版社2022年版。

2　陈立:《维护海外利益安全研究：中国民营保安公司作用探析》，法律出版社2019年版。

3　刘波:《“一带一路”安全保障体系构建中的私营安保公司研究》,《国际安全研究》2018年第5期。

4　张春:《安全私有化的当代发展及其国际政治意义》,《世界经济与政治》2016年第6期。

5　肖河:《雇佣兵·私营军事公司·私营安保公司》,《世界知识》2017年第18期。

6　刘建伟、刘丹丹、江洪飞:《民营安保公司海外发展的历程、现状与不足》,《中国经贸导刊》2021年第5期。

7　邢瑞利:《“一带一路”安全治理中的中国私营安保公司》,《西北民族大学学报(哲学社会科学版)》2019年第2期。

8　Bureau of Justice Statistics ,"The Private Security Industry: A Review of the Definitions, Available Data Sources, and Paths Moving Forward",https://www.ojp.gov/pdffiles1/bjs/grants/232781.pdf.

9 刘晓凤等:《非政府组织如何影响中国在柬埔寨投资项目?——基于地缘社会的解析》,《人文地理》2022 年第 2 期。

10 韩叶:《非政府组织、地方治理与海外投资风险——以湄公河下游水电开发为例》,《外交评论》2019 年第 1 期。

11 于珊、朱禹璇:《"一带一路"倡议下越南劳动关系现状的政治经济学研究》,《经济视角》2019 年第 4 期。

12 季琳、张经纬:《中国民间组织"走出去":现状、挑战及政策建议》,全球环境研究所 2016 年。

13 任娜、刘宏:《"一带一路"构建中的东南亚华商网络研究——以新马菲商会组织为中心》,《世界民族》2021 年第 4 期。

8

第八章

海外利益安全的主动塑造

就维护国家安全而言，塑造是更高层次、更具前瞻性的维护。海外利益安全是国境之外的国家安全，仅仅依靠被动维护往往难以适应形势发展的需要；开拓思路、创新手段，以更加积极有为的姿态主动塑造海外战略态势，促进形成有利于海外利益长期稳定发展的环境，是大国维护海外利益安全的普遍选择。下文谈到的通过民间交流和对外援助等方式在其他国家和地区渐进培植适宜海外利益长远增进的土壤，以及凭借对国际资本市场的“评级权”的掌控来放大自身竞争优势、掌握维护海外利益的先机等，都可以被视为塑造海外利益安全的典型方式。

“和平队”：深入第三世界的“柔性力量”

美国自认为是与殖民时期欧洲列强所不同的“新型国家”，在维护海外利益上也不能完全依靠“炮舰外交”的“硬路数”，还要以“软手法”深入对象国的社会肌理，在海外尽可能不露声色地营造出有利于美国利益拓展的战略环境。谈到美国运用“软手法”塑造海外安全环境，就不能不提及从冷战时期一直延续至今的美国“和平队”。

20世纪五六十年代，美苏冷战正酣，亚非拉地区民族解放运动风起云涌，反帝国主义、反霸权主义的国际呼声越发高涨。由于抱有严重的种族主义倾向和对共产主义的敌视，美国在有些国家的国际形象糟糕，很多非洲国家的外交人员甚至出于对受到种族歧视的担忧而不愿前往美国从事外交工作。对此，美国的政治精英们认识到海外形象不佳将阻碍美国进一步拓展海外利益，不利于同苏联争夺第三世界这一广阔的“中间地带”，有必要组织一支新型力量专门深入特定国家内长期经营，一边将海外形象“挽回来”，一边将海外利益“植下去”。

在这种背景下，时任美国总统肯尼迪签署10924号行政令建立“和平队”，其核心内容为招募并培训志愿者，将其作为工程师、教师、医生和护士等派至关键的第三世界国家和地区，向这些国家和地区提供教育、医疗、环境、文化、农业、商业等方面的服务，政府则为之提供项目动员、财政支持和方向把关。事实上，动员青年人以“国际志愿服务”的名义前往其他国家进行文化输出在美国早已有之：20 世纪初期，美国就向菲律宾派出名为“托马斯人”的教育援助力量，专门在当地用英语开展教育工作；一战、二战期间，美国的海外志愿服务也有所发展。这些志愿服务可谓“和平队”在思想和组织上的渊源。此外，在肯尼迪总统上台之前，“和平队”已有了比较丰富的前期酝酿：20 世纪 50 年代末，时任美威斯康星州联邦众议员亨利·罗伊斯就提议设立“第四点青年团”，肯尼迪本人对青年海外志愿服务的相关设想也极有兴趣。1960 年 10 月 14 日，当时还是参议员的肯尼迪在密歇根大学发表竞选演说，即兴地向台下的学生们问道：“你们中有多少人愿意成为医生，在加纳度过自己人生的一段时光？或者是成为技术人员、工程师，或从事外交工作，一生穿梭于世界各地？”肯尼迪的即兴演说得到了空前的正面回应，台下众多的学生当即表示愿意奔赴海外从事志愿服务。肯尼迪赋予“和平队”以政治意义，为激励美国年轻人投身“自由事业”，他在总统就职演说中发出了一句象征公共服务精神的名言——“不要问国家能为你做些什么，而要问你能为国家做些什么”。

不过，在热情洋溢的“志愿精神”背后，肯尼迪设置“和平队”更不乏深刻的战略考虑。彼时，肯尼迪对美国在海外安全塑造中落后于苏联的态势感到忧心——苏联有许多科学家、物理学家、工程师、医生和护士，准备将一生投入到服务世界共产主义中去；而美国还没有类似的行动。作为“和平队”的首任长官，肯尼迪的妹夫萨金特·施莱弗结合当时的冷战背景对“和平队”战略角色作了更清晰论述：“变革正在席卷亚洲、非洲和拉丁美洲，对抗无知、贫穷、疾病和各种压迫的战争正在上演。苏联为解决上述问题提供了极权主义方案。对此，我们必须有所回应，通过帮助发展中国家人民以展示：民主方案才是最终解决问题的最佳方案。”长期以来，“和平队”在美国外交和安全领域扮演特殊角色。国内有学者指出，“‘和平队’毕竟不同于世界银行，也不同于美国国际开发署，它不仅向发展中国家提供大量的资金、技术或设备支持……它致力于援助那些被一般援助机构所忽视的乡村和小城镇，在于增强人们的自立能力，帮助相对弱势的群体改善生活条件等。这些微小的量变，却能给美国政府带来所希望看到的——第三世界国家人民对美国的理解和好感”。

“和平队”从事的教育、医疗、乡村服务等工作看似不涉及“高政治”领域，但其持续在对象国运转所带来的长期效应是不可忽视的。对象国观逐渐接受并认同美式思想、文化和价值观，由美式教育塑造出来的“本土精英”在对象国成为各行各业的中坚力量，影响政策制定；积累这些潜移默化的影响将有利于美国塑造更加贴合其霸权扩张需要的海外安全环境。“和平队”深入许多具有独特历史文化的遥远地区不断开展活动，带有“田野调查”的性质，其在活动中积累的关于对象国的各种知识和经验，为美国维护海外利益安全提供了重要支撑。“和平队”成员去往海外活动不是浅尝辄止，而是扎根对象国的乡村等最基层处进行数年的工作和生活，与当地民众同吃同住。更加具有长远影响的是，许多美国青年在结束“和平队”的工作之后，往往选择从事外交工作，真正成为美国对外政策体系的一分子。作为参加过“和平队”的老队员，美国前驻吉布提大使查尔斯·R. 巴奎特三

> 美国『和平队』成员听乡村小学生阅读课文

世认为，10% 的美国外交人员都有参加“和平队”的经历，“和平队”和美国外交部门之间“存在天然联系，两者都提供了在海外生活的机会，让参与者深入了解外国文化”。

曾参与过“和平队”工作的队员对“和平队”的塑造作用印象深刻：“和平队”前队员布伦·弗拉尼根在《华盛顿邮报》撰文回忆自己在非洲国家贝宁参加志愿活动时为其借住家庭的房东及其家人制作披萨的经历——“这是他们第一次吃披萨，他们穿着最好的衣服。尽管房东和他的妻子不爱披萨的味道，只吃了一两块，但他们依然称赞我的烹饪技巧；孩子们则在最后擦好了盘子，并回敬了我”。布伦·弗拉尼根还谈到，其在美国国庆日当天第一次为当地人播放由美国著名歌星惠特尼·休斯顿演唱的美国国歌，当地人听后“欢庆美国独立”的景象，令其印象深刻。布伦·弗拉尼根深刻感受到“‘和平队’在促进其他国家民众对美国的积极看法方面的作用是无可比拟的”。

随着“和平队”经营海外长期效益的逐步显现，人们越发认识到其对塑造美国海外安全态势的战略作用。美国学者罗伯特·费尔德曼曾专门研究“和平队”对美国国家安全的贡献。他认为，“和平队”是维护美国国家安全的重要力量；与庞大的国防开支相比，其需要的投入低得多，却发挥了突出的安全维护作用，堪称“整个预算体系中关于维护安全的最好交易”。“和平队”的队员深入对象国的社会内部，同对象国的普通民众打交道。在美国利益延伸拓展的遥远海外，“和平队”的队员在当地酒馆同对象国普通士兵的闲聊中为其解答有关美国外交政策的问题；向美国国内传回具有参考价值的对象国情况动向，比如当地政局的变动、生态环境的恶化，甚至可以预警对象国的公共卫生情况，助力美军更好地安排其海外演习活动。不过，一些其他国家也逐渐意识到“和平队”活动的复杂性，比如俄罗斯就曾叫停“和平队”在其境内活动。

时至今日，“和平队”已成为美国海外布局中不可或缺的一部分。根据“和平队”自身的统计，迄今超过 24 万美国人曾参加过“和平队”，“和平队”到访的国家达 142 个。总的来看，一批又一批的“和平队”队员在深入其他国家工作的过程中为美国的海外利益安全塑造了更为有利的环境，使“和平队”成为美国维护海外利益的独特力量。

国际评级机构的话语权

信用是市场经济运行的基石，而信用评级是市场经济发展的必然产物，也是对金融交易主体（公共或私人机构，包括一国政府、个人、金融市场或产品）履约能力或偿付能力的评判。具体而言，信用评级，往往由独立的第三方，利用自身的技术和专业经验，对各经济体和金融工具的风险进行评估，提供较为充分的信息，从而使投资者加深理解，实现解决市场信息不对称问题的目的。对于筹资者来说，提供信用评级信息，可以更为便捷地向投资者反映其信用情况，提高融资效率。

大约在20世纪30年代大萧条后，信用评级逐渐成为主要发达国家金融监管部门所依赖的重要工具，其影响又随着经济金融全球化而超越国界。在世界经济金融一体化发展背景下，信用评级是应对信息不对称，用以支持金融交易、投资决策顺利进行的基础，其对世界经济市场有序运行起着必不可少的作用。

目前世界信用评级业务已从企业和金融机构评级、证券评级、保险公司支付能力评级发展到了国家主权信用评级。国家需要进行主权信用评级，主要是由于国与国之间因借贷、投资、贸易形成了债权、债务等信用关系，而这种国际信用关系又反映着债权国与债务国之间的利益关系。国家主权信用评级是对一个国家中央政府的举债和偿债能力的评判，是衡量一国公共与私营部门状况重要的、不可或缺的指标。

在经济全球化发展、跨国债权债务关系日益深化的今时、今日，信用话语权对国家海外利益的影响前所未有，拥有强大的信用资本及评级话语权是成为强国不可缺少的重要标志。具体来看，对一国而言，信用评级权意味着在国际经济金融市场上的话语权；同时，也意味着国际资产定价权，影响着一国的借贷成本、投融资收益率和经贸往来成本。一国信用评级的变动，不仅会影响到国际社会对该国的信心，还有可能引发系统性金融风险，与该国的海外经济利益、国家经济金融安全、社会稳定密切相关。可以说，谁掌握了国际评级话语权，谁就掌握了金融定价权，也就掌握了在海外经济金融市场上融资和经营的主动权。

信用评级的重要性毋庸置疑。而信用评级机构正是信用评级在国际货币金融体系中发挥作用的重要枢纽。主要评级机构对经济金融市场的安全、稳定运行影响巨大。

当前创立百年有余、地位屹立不倒的三大国际评级机构——标准普尔、惠誉国际、穆迪，利用其在国际市场上的评级话语权，对产品定价、融资成本、金融稳定产生了重要影响，对国际评级市场形成了垄断，其评级可以掌控一个企业，甚至一个国家的“生死”。正如美国经济学家弗里德曼所言：“我们生活在两个超级大国里，一个是美国，一个是穆迪。美国可以用炸弹摧毁一个国家，穆迪可以用债券降级毁灭一个国家。”

然而，如此重要的三大评级机构，其评级却并不中立。一方面，这些国际评级机构有可能受到利益集团影响，提供虚假的评级信息。例如，2008 年金融危机爆发就受到了评级机构虚高评级、风险定价不充分的影响，连三大国际评级机构都在美国国会听证会上承认犯了“道德错误”。另一方面，这些评级机构有可能成为部分国家、经济体推行自身价值观与强权政治，进而影响他国海外利益、经济金融安全的工具。三大信用评级机构在国际上因部分国家意志、战略与利益影响信用评级的事例屡见不鲜。

究竟是谁在掌控三大评级机构呢？除惠誉国际创办于法国、有欧资背景外，标准普尔、穆迪均为纯粹的美国企业。然而，即使是惠誉国际，其国际总部也坐落在纽约，由美国企业控股。可以说，上述三大评级机构均被美国掌控，而美国也借助自身在国际经济金融市场上的影响力，为三大评级机构"背书"，规定外国筹资者在美金融市场融资时，必须接受上述评级机构的评估，这也进一步加剧三大评级机构的垄断。美国对国际评级的影响力可见一斑。

进一步看，美国既是国际信用评级业的发源地，也是全球信用评级标准的建立者和评级技术的开拓者，更是世界信用关系的中枢，拥有垄断性的国际评级话语权。信用霸权助力美国在国际金融市场上所向披靡，为美国获取海外利益提供了"抓手"，也为美国保护于自身有利的全球政治经济格局、维护金融霸权提供了支撑，是美国影响他国经济、金融稳定的"利器"。美国主要从以下两方面受益于国际评级话语权。

一方面，美国掌握国际评级话语权，拥有了更多可供利用的国际信用资源。尽管美国是世界上最大的债务国，政务债台高筑，频繁接近债务上限，经常不得不靠增发货币来缓债，但其通过掌握的国际评级话语权，宣称自己具有"世界最高信用等级"，从而在国际金融市场以低廉的成本获得大量融资，大幅降低了企业海外市场拓展的成本。举个信用评级机构对美国“视而不见”的例子：受到 2013 年美国国会未能通过 2014 年度预算拨款的影响，美国政府进入部分关闭状态，但以惠誉国际为代表的国际评级机构仍然给美国 AAA 的高评级。

另一方面，美国掌握国际评级话语权，拥有了更多干涉他国债务评级的能力。受其影响，美国不仅会压低债权国的信用等级、降低自身偿债成本，而且会压低“对手”国家的债务评级，同时，美国还会施压债务评级机构倾向其盟友和伙伴。通过掌控评级，美国不断为其自国际市场融资、获得国际政治经济博弈主动增添筹码。

反观其他国家和地区，由于后发劣势等因素影响，尽管诸多国家和地区意识到了信用评级的重要性，但其信用评级业发展仍然较为落后，国际认可度难以与上述三大评级机构匹敌，不得不在国际评级方面受制于美国，海外经济利益面临较大不确定性。

以亚洲国家为例。1997 年亚洲金融危机期间，三大国际评级机构从韩国开始下调主权评级，后向整个亚洲蔓延。这一举措后被证实并不合理。国际货币基金组织在其工作文件中严厉批评三大评级机构在亚洲金融危机中“仓促下调评级，致使局面恶化”；其定量研究还发现，亚洲金融危机期间，穆迪和标准普尔在主权评级方面出现了 17 次失误。

即使是欧洲国家也难免因受到评级机构的影响而在国际资本市场上被美国“收割”。2003年，德国反对美国对伊拉克发动战争，标准普尔连续下调了德国企业的信用评级，同时上调了支持美国对伊拉克发动战争的澳大利亚的信用评级。2009年末，三大国际评级机构以希腊为出发点，接着转向葡萄牙、西班牙等国家，轮番下调欧洲国家主权信用评级。受其影响，欧元区国家借债难度陡增，股市剧烈波动，欧元兑美元汇率持续走低。这引发了欧洲经济学家对评级机构转嫁美国国债压力、成为欧债危机“推手”的质疑，欧盟官员也直指这种降级举措加剧了欧债危机。

2022年俄乌冲突期间，信用评级甚至被用作制裁工具。美国、欧盟分别禁止国际金融机构对俄罗斯政府和企业提供信用评级服务，随后，惠誉国际、穆迪、标准普尔均密集下调俄罗斯主权信用评级直至“垃圾级”，并大幅下调俄罗斯地方政府、企业的信用评级，直接制约了俄罗斯在国际市场融资的灵活度；加之叠加其他制裁措施，“切断”了俄罗斯经济金融系统与全球资本市场的联系，一定程度上削弱了俄罗斯经济的动能。

就中国而言，国内评级行业自20世纪80年代以来，历经30余年发展，已经在评级理念、方法、人才、管理、制度等诸多方面取得了长足进步。但相较于中国经济实力的快速提升、银行和资本市场的快速发展、海外经济利益的不断拓展，中国信用评级业发展整体滞后，无法与中国整体经济实力和外汇实力相匹配。中国本土信用评级机构在国际市场上的认可度仍然不高、话语权仍然不足，时常受制于美国垄断的三大评级机构。美国评级机构存在压低中国主权信用评级的问题，中国债务评级也曾多次遭到穆迪、惠誉国际等“唱空”，这在一定程度上损害了中国企业在海外市场上的信用形象，也增加了中国相关机构在国际金融市场拓展的难度、推高了中企的海外融资成本，成为影响中国海外经济利益的不确定因素。

加大培育本土信用评级机构国际竞争力，对于中国增强国家竞争优势、维护国家经济安全和海外利益安全，有着非常重要的历史意义和现实意义。随着中国成为世界上举足轻重的资本输出国，稳步推行高水平对外开放，进一步实施“走出去”战略，越来越多企业随着共建“一带一路”全球布局，资本市场逐步开放，人民币国际化有序推进，对外投资不断拓展，推动信用评级业发展的重要性和必要性不断增强。中国政府高度关注信用评级业发展，从战略高度和政策高度为信用评级业的发展提供了支撑。例如，2022 年 3 月，中共中央办公厅、国务院办公厅印发了《关于推进社会信用体系建设高质量发展促进形成新发展格局的意见》，提出要“培育具有国际竞争力的信用评级机构”。同年 6 月，习近平主席也在金砖国家领导人第十四次会晤上的讲话中提到，“要拓展金砖国家跨境支付、信用评级合作，提升贸易、投融资便利化水平”，为中国信用业国际拓展、话语权塑造指明了方向。

发展援助下的利益拓展

在对外政治以及军事安全影响力被束缚限制的情况下，日本把政府开发援助作为拓展海外利益的主要抓手。日本政府开发援助的主要执行机构——日本国际协力机构将政府开发援助定义为政府对发展中国家提供的资金和技术合作。根据经济合作与发展组织发展援助委员会的规定，政府开发援助需满足以下三个条件：一是资金的提供者应是政府或政府的实施机关，其接受对象为发展中国家或国际机构；二是以发展中国家的经济开发和福利水平提高为主要目的；三是资金中的赠与成分在 25% 以上。二战后，日本利用政府开发援助迅速打入亚洲市场，完成在亚洲地区的产业布局，牢牢占据亚洲产业链分工的制高点，海外利益得到迅速拓展。

偷换概念、找准切口

作为二战战败国，战后初期日本可运用的外交资源和手段十分有限，且必须承担对受害国赔偿的战争责任，对于其国内经济而言可谓负担沉重。加之冷战开始后，日本与中国分属两大阵营，无法开展正常对华贸易，急需另辟市场。在此背景下，日本政府瞄准东南亚各国，以“经济合作”或“经济援助”模糊“赔偿”概念，化被动为主动，将赔偿、援助、贸易统筹运作，不仅与东南亚各国建立或恢复外交关系，更打开了日本产品向东南亚国家出口的大门，成功抢占东南亚市场，为日本经济的复苏和崛起奠定了基础。日本官方和学界普遍认为，战后日本的对外援助始于对亚洲各国的战争赔偿，外务省亦将 1954 年 10 月日本加入"科伦坡计划"和 11 月《日缅和平条约》及《赔偿与经济合作协定》的签订视为日本政府开发援助的起点。

实际上，无论是对缅甸、菲律宾、印尼和越南的"战争赔偿"，还是对老挝、柬埔寨、泰国、新加坡、马来西亚、韩国等的"准赔偿"，性质上均不应属于政府开发援助，而是日本为战争罪行应受的惩罚。但日本却在与各国的赔偿谈判时"耍伎俩"，同时签订和平条约、赔偿支付、经济合作三个协定，将其美化为"合作"或"援助"，并附加一系列严苛条件，使赔偿的"包袱"变成了扩大出口市场的"手术刀"。时任日本首相吉田茂就曾直言，"赔偿就是投资"。时任通产省"赔偿特需室"课长的谷敷宽说："经济合作是在赔偿的形势下缔结的一种妥协的产物。这种妥协最受日本经济界的欢迎。从经济合作的观点来看，东南亚新兴国家也是最有魅力的富饶的处女地。但是该处女地上排外的民族主义和对日本侵略的疑虑很强。要想稳妥地在此地开拓市场，没有比借用'赔偿'之名更聪明的理由了。"

明确目标、精密布局

日本国内市场狭小，资源能源严重依赖进口，这些先天条件决定其历来重视经济外交。战后初期日本确立“贸易立国”战略，将扩大出口视为经济外交的首要目标，更将赔偿和准赔偿视为新一轮“特需”（20 世纪 50 年代，日本经济在美国的军事订单需求的刺激下实现大幅增长，这被日本人称作“朝鲜特需”。停战后，日本经济一度因失去“特需”而陷入萧条，因此社会对出现新的“特需”十分期待），明确了援助服务于出口的方针。日本与缅甸在 1954 年完成赔偿谈判正是在“朝鲜特需”过后，日本经济陷入低谷之时。继 1950 年日本成立“日本出口银行”（两年后改称“日本进出口银行”），为实施赔偿，在通产省内新设“赔偿特需室”，足见日本的赔偿从一开始就与出口振兴政策密不可分。20 世纪 70 年代前，日本政府亦丝毫不掩饰利用政府开发援助发展经济的意图。1957 年 2 月，时任首相兼外相的岸信介称：“从谋求我国的经济发展和国民繁荣看，包括赔偿和经济合作在内，应在致力于东南亚各国繁荣的同时，争取我国的发展。”这反映出日本开展对外援助之目的就是拓展海外利益。外务省在其发布的战后首部《外交蓝皮书》中称：“从长远观点看，在经济外交中应特别重视经济合作，尤其是在东南亚国家。随着赔偿等战后处理的实施和日元贷款等经济合作的开展，对柬埔寨、老挝等国予以经济援助与国家利益直接相关，要尽快优先实行。”通产省发布的战后首部《经济合作白皮书》将“互惠主义”作为对外援助的基本原则，称“有关经济合作的基本政策方针必须符合我国经济发展，利于扩大出口市场”。正是日本政府开发援助的“经济第一主义”，使得其对象国集中于亚洲国家，尤其是东南亚各国，这一特点在石油危机前表现得最为明显。在20世纪70年代后，日本虽扩大了向非洲等其他地区的政府开发援助规模，但亚洲仍居首位。日本外务省发布的2021年版《开发合作白皮书》显示，2020年日本向亚洲国家提供的政府开发援助金额占当年其政府开发援助支出总额的60.4%。

以官促民、服务企业

按照援助方式可将政府开发援助分为低息贷款、无偿资金援助和技术援助，低息贷款属于有偿援助，无偿资金援助和技术援助属于无偿援助。与欧美国家以无偿援助为主不同，日本政府开发援助中低息贷款部分约占50%，在20世纪50年代政府开发援助刚刚推出之际，无偿援助低至不到20%。由此可见，日本设计政府开发援助这个政策工具的初心，并不是其大发善心，真想给发展中国家提供援助，其主要意图就是为了拓展企业海外利益，实现国家对外发展战略。日本外务省亦坦言，“早期日本政府开发援助具有扩大出口市场、确保重要原材料进口的目的”，望借此振兴日本经济。

日本政府开发援助在实施时附加一系列严苛条件，将援助打造为本国产品和企业“走出去”的工具。一方面，日本政府开发援助不是以支付货币的方式提供援助，而多以生产资料、消费资料和劳务形式提供援助。具体做法是，日本政府先将援助款支付给日本相关企业，再由这些企业向对象国提供产品及劳务服务，政府开发援助中的无偿援助部分不是直接支付现金，而是在日本开设账户，将该资金限定用于采买日本本土的商品或劳务。这种援助的“捆绑模式”把日本的产品、技术、服务、标准推销到援助对象国，很多东南亚国家在接受日本的生产资料和成套设备后，还要继续采买日本产品和技术以做支撑，这极大刺激了日本的出口贸易，帮助日企在东南亚市场攻城拔寨。日本学者对此评价道:“对于接受订单的日企而言，有了日本政府的资金担保，再没有比这风险更小的稳妥买卖了。”另一方面，日本的政府开发援助刺激了东南亚国家“出口资源以换取消费品”的经济运作方式，带动了东南亚各国的重建与经济复苏，大量机械设备和成套设备输入东南亚国家，迎合了各国实施进口替代工业的需要，帮助东南亚各国建立起若干门类的工业体系。这虽然促进了东南亚国家经济发展和产业结构优化，但也使这些国家对日本产生了经济依赖。日本战后机械工业和重工业的发展均得益于此。此外，政府开发援助也是民间投资的“铺路石”和“引导者”，作为先期投资多用来完善对象国的基础设施，或在执行工业项目时用于抵消民间投资风险，成为了民间资本和企业进入当地市场的“先头兵”。

官民融合、制度保障

相较欧美国家而言，日本政府中并无专门负责政府开发援助的独立部门。目前，政府开发援助的无偿资金合作主要由外务省牵头协调经产省、财务省等共同运作，其中日本国际协力机构具体负责实施无偿资金合作项目和技术合作，国际协力银行具体负责实施日元贷款。日本对外援助体制不断改进，主要目标是更好地为日企走出去提供服务。1954 年成立社团法人亚洲协会作为技术合作的实施机构。1955 年在外务省亚洲局内成立赔偿部和亚洲经济合作室。1961 年设立海外经济合作基金作为日元贷款的实施机构。1962 年在外务省设立经济合作局，同年成立海外技术合作事业团，成为现在日本国际协力机构的前身。1974 年成立国际协力事业团（旧日本国际协力机构，2008 年改组为新日本国际协力机构）。同时，日本积极加入或组建相关国际组织，竭力扩大国际影响力和话语权。1960 年加入美国主导成立的开发援助集团，并于次年加入由开发援助集团改组的经济合作与发展组织开发援助委员会。1964 年加入经济合作与发展组织，1966 年主导召开首届东南亚开发部长级会议，并在同年成立亚洲开发银行的过程中发挥了主导作用。

日本政府在进行战后赔偿和政府开发援助决策中，积极听取企业、商社意见，在部分援助项目的决定上，民间企业甚至发挥了决定性作用。如与吉田茂、岸信介、池田勇人等众多政治家关系密切的久保田丰在1947年成立的日本首家咨询公司日本工营，就曾促使日本政府将多个大坝建设项目列入战后赔偿之中。日本工营是以水利建设为主的企业，二战前依靠在朝鲜半岛建设大坝和水电站起家，最著名的项目是在鸭绿江上建设的水丰发电站。20世纪50年代，日本工营还曾受盟军最高统帅总司令部委托负责协助开展战后重建。《旧金山条约》生效后，日本工营甚至主导了日本对缅甸的赔偿谈判。彼时，久保田丰多次向日本政府建议“大坝建设可唤起日本的设备出口”，以至于日本战争赔偿案件中大坝建设占有很大比重。因此，日本一度被国际社会讽刺为“日本股份公司”。有欧美学者认为，日本的政府开发援助至今仍以综合商社的利益为先。实际上，日本的综合商社甚至比当地的日本使馆、日本国际协力机构派出机构等在信息获取渠道、人才等方面更具优势，在当地政府机构或权力人士面前“更有面子”，因此其往往能够根据自身利益“选择”援助项目，并动员当地政府向日本政府提出政府开发援助申请，甚至有时直接负责策划项目草案。

参考文献

1 刘国柱:《美国文化的新边疆:冷战时期的和平队研究》,中国社会科学出版社 2005 年版。

2 方添智:《信用评级利益冲突规制研究:以美国为中心的研究与借鉴》,中国商务出版社 2012 年版。

3 彭秀坤:《国际社会信用评级机构规制及其改革研究》,中国民主法制出版社 2015 年版。

4 伞锋:《在危机中重新认识欧盟》,中国社会科学出版社 2015 年版。

5 宋玮:《全球化视角下的金融安全》,国际文化出版公司 2014 年版。

6 鷲見一夫、『ODA 援助の現実』、岩波新書 1990 年版。

7 フランツ・ヌシェラー(佐久間マイ訳)、『日本の ODA』、スリーエーネットワーク 1992 年版。

8 佐藤秀雄、『ODA の世界:国際社会の中の日本を考える』、日本図書刊行会 1997 年版。

9

第九章

推动新时代海外安全体系和能力现代化

我国海外利益持续拓展，在国家整体利益格局中的比重显著提高，成为密切我国与外部世界关系的重要因素、关系国计民生的重大议题。海外利益安全是我国发展和安全利益的重要组成部分，事关国家发展和安全大局。随着我国深入推进高水平对外开放，尤其是共建“一带一路”高质量发展不断取得新成效，维护海外利益安全的重要性持续上升。当前，我国海外利益安全面临的风险与挑战复杂严峻，必须坚持以总体国家安全观为统领，以人民安全为宗旨，统筹开放与安全，推动新时代海外安全体系和能力现代化。

“海外中国”提出迫切需求

随着我国综合实力显著提升，对外投资规模不断扩大，对外经济联系、国际贸易等深入发展。我国企业、机构、人员、资金大规模“走出去”，海外利益的广度和深度不断拓展，在全球体现中国存在、反映中国与世界互动的“海外中国”蔚然成风且不断壮大。

世界第一货物贸易国地位稳固。2013 年我国货物进出口规模首次超过 4 万亿美元后，2021 年跨过 6 万亿美元，达到了历史高点。我国货物进出口占国际市场份额从 2012 年的 10.4% 提升到 2021 年的 13.5%，2017—2021 年连续 5 年保持全球货物贸易第一大国的地位。2020 年，我国货物和服务贸易总额达 5.3 万亿美元，首次超过美国成为全球第一大贸易国。2021 年，货物和服务贸易总额达 6.9 万亿美元，继续保持世界第一。

企业“走出去”步伐明显加快，海外资产规模不断扩大。我国企业更广、更深地参与国际市场开拓，拥有越来越多的世界级企业。我国跨国公司日益提高在全球配置资源的能力，参与国际经济合作和竞争新优势明显增强。截至 2020 年末，我国 2.8 万家境内投资者在国（境）外共设立对外直接投资企业4.5万家，分布在全球189个国家（地区），境外企业资产总额达7.9万亿美元。从境外企业的国家（地区）分布情况看，中国在亚洲设立的境外企业数量达26166家，占58.5%；在北美洲设立的境外企业6031家，占13.5%；在欧洲设立的境外企业4655家，占10.4%；在非洲设立的境外企业3549家，占7.9%；在拉丁美洲设立的境外企业3015家，占6.74%；在大洋洲设立的境外企业1331家，占3%。从我国境外企业分布的主要行业情况看，批发和零售业12244家，占我国境外企业总数的27.3%；制造业8757家，占19.6%；租赁和商务服务业5824家，占13%；建筑业3783家，占8.4%；信息传输/软件和信息技术服务业2939家，占6.6%；科学研究和技术服务业2320家，占5.2%；农/林/牧/渔业1808家，占4%。

海外机构、人员规模稳步增长。外交机构众多。我国已超越美国成为外交机构总数最多的国家。截至2023年3月，我国已与182个国家建立了外交关系，在全球共有270多个大使馆、代表处。另外，我国还有11个常驻联合国、世界贸易组织等国际组织的代表团、使团或代表处。

出境旅游人数稳居世界前列。2020年以前，随着改革开放的不断深入、综合国力的增强以及居民收入的增加，出境旅游掀起高潮，行业强劲增长。新冠疫情暴发前，我国居民出境旅游人数从 2012 年的 8318 万人次增至 2019 年的 1.55 亿人次，连续 6 年过亿。根据联合国世界旅游组织数据：2020 年全球国际旅游支出达 5491 亿美元，其中我国以 1305 亿美元居全球首位，占全球总量的 23.8%。

世界最大的留学输出国。在“支持留学、鼓励回国、来去自由、发挥作用”的留学政策指引下，我国出国留学规模稳步扩大。2016 年我国出国留学人员总数为 54.45 万人，较 2012 年增长 14.49 万人，增幅为 36.26%，成为世界最大的留学输出国；2016—2019 年，我国出国留学人数达 251.8 万人，其中 2019 出国留学人员总数为 70.35 万人。

此外，我国共累计派出各类劳务人员 1062.6 万人次，其中 2021 年派出各类劳务人员 32.27 万人。截至 2022 年 7 月，我国在外各类劳务人员 55.6 万人。

对外投资稳步增长。近 10 年来，我国对外投资合作量质齐升，2013 年突破 1000 亿美元，达到 1078.4 亿美元。2016 年我国境外投资规模达到了历史峰值，为 1961.5 亿美元。之后，我国出台政策规范并优化企业海外投资结构，我国对外投资流量近几年一直保持在 1500 亿美元上下。据统计，2013—2021 年，我国累计非金融类对外直接投资 11281 亿美元，稳居世界前列。根据商务部、国家统计局和国家外汇管理局联合发布的《2020 年度中国对外直接投资统计公报》可知，2020 年我国对外直接投资1537.1亿美元，同比增长12.3%，占全球比重达到20.2%，流量规模首次位居全球第一。根据《2021年度中国对外直接投资统计公报》可知，2021年，我国对外直接投资流量为1788.2亿美元，同比增长16.3%，占当期全球对外直接投资流量的10.5%，排名世界第二位。我国在全球外国直接投资中的影响力不断扩大。截至2021年末，我国对外直接投资存量27851.5亿美元，占当期全球存量的6.7%，仅次于美国（9.8万亿美元）和荷兰（3.4万亿美元）。同时，我国对外投资领域日趋广泛，结构不断优化。我国对外直接投资涵盖国民经济的18个行业大类。2021年流向租赁和商务服务、制造、批发和零售的投资均超百亿美元，租赁和商务服务业保持第一位，制造业位列第二。

共建"一带一路"成效显著。共建"一带一路"成为我国海外利益拓展的重要路径，体现了我国海外利益的拓展方式。共建"一带一路"倡议得到越来越多国家和国际组织的积极响应，成为当今世界深受欢迎的国际公共产品和国际合作平台。2013年，习近平主席在出访哈萨克斯坦和印度尼西亚时先后提出共建"丝绸之路经济带"和"21世纪海上丝绸之路"的重大倡议，旨在传承丝路精神，携手打造开放合作平台，为各国共同发展和繁荣提供新动力。共建"一带一路"倡议实施以来，在以习近平同志为核心的党中央坚强领导下，我国统筹谋划推动高质量发展、构建新发展格局和共建"一带一路"，坚持共商共建共享原则，把

< 福建厦门码头

基础设施"硬联通"作为重要方向，把规则标准"软联通"作为重要支撑，把共建国家人民"心联通"作为重要基础，推动共建"一带一路"高质量发展，取得实打实、沉甸甸的成果。

"六廊六路多国多港"互联互通主体架构基本形成，一大批互利共赢项目成功落地。"六廊"是"一带一路"的战略支柱和区域经济合作网络的重要框架，包括新亚欧大陆桥、中蒙俄、中国—中亚—西亚、中国—中南半岛、中巴经济走廊和孟中印缅经济走廊。六大经济走廊建设亮点纷呈，为建立和加强各国互联互通伙伴关系、畅通亚欧大市场发挥了重要作用。

截至 2023 年 1 月，我国已与 151 个国家、32 个国际组织签署 200 多份共建"一带一路"合作文件，涵盖投资、贸易、金融、科技、社会、人文、民生等领域。共建"一带一路"倡议提出以来，我国与共建“一带一路”国家贸易往来日益密切，已成为25个共建“一带一路”国家最大的贸易伙伴。2013—2021年，我国与共建“一带一路”国家进出口额从约9300亿美元增至约1.66万亿美元，年均增长7.5%，占同期进出口总额比重由25.0%提升至29.7%。截至2021年末，我国在共建“一带一路”国家设立境外企业超过1.1万家，共建“一带一路”国家直接投资额累计达1613亿美元。我国在共建“一带一路”国家承包工程新签合同额累计约1.1万亿美元，完成营业额7286亿美元，涵盖交通、电力等多个领域。中欧班列发展迅速，截至2022年1月累计开行突破5万列，运送货物超455万标箱，货值达2400亿美元，通达欧洲23个国家180个城市，为推动“一带一路”高质量发展作出了积极贡献。

护航安全责任重大

当前，百年变局加速演进，世界进入新的动荡变革期，全球性问题日趋复杂，我国海外利益安全面临的各种安全风险和挑战不容小觑。

随着美国把我国列为最大竞争对手，全面加大对我国的打压遏制行径，我国海外利益安全面临的地缘政治挑战持续上升。近年来，美国着力对我国海外项目尤其是共建“一带一路”项目搞干扰、破坏、舆论抹黑等，还妄图对共建“一带一路”倡议进行对冲替代。为削弱我国不断增强的影响力，美国软硬兼施、威逼利诱展开争夺，妄图破坏共建“一带一路”国家与我国的合作。2021 年 1 月，美国与厄瓜多尔达成协议，通过助厄瓜多尔偿还数十亿美元中国贷款，要求厄瓜多尔将中国电信设备企业排除出其电信网络。2022 年 2 月，尼泊尔议会批准美国千年挑战公司 5 亿美元赠款；4 月，尼泊尔能源部撤销葛洲坝集团承建布达甘达基水电项目的施工许可；美国以“颜色革命”搅乱刚果（金）政局，迫使友华总统下台，力捧亲美新总统齐塞克迪，鼓动新政府在战略矿产资源开发等领域对我国企业进行打压。2021 年开始，刚果（金）政府对和我国签署的矿业合同开展“审查风暴”，2022 年 2 月更是暂停我国洛阳钼业对当地一处铜钴矿的管理控制权。美国动辄对相关国家进行威胁，迫使其按照美国意愿行事。为使尼泊尔议会批准“千年挑战协议”，美国多次派高官出访施压，甚至直接致函尼泊尔高层下达“最后通牒”，威胁将削减援助、封锁边境，并以战争罪起诉普拉昌达等尼泊尔高层。

升级对华舆论抹黑，妄图恶化“一带一路”建设的外部环境

在战略上，美国提升重视程度。2021 年 4 月，美国参议院外交委员会审议通过了由两党携手推出的“2021 战略竞争法案”，鼓吹从战略、经济、军事和外交等方面“全面对抗中国”。该法案宣称为了“捍卫美国的重要利益和价值观”，要求美国加大对华舆论战力度。该法案还专门将共建“一带一路”倡议抹黑成是中国“扩大影响力”的手段。在资金上，美国设立专项基金，加大资助力度。2022 年，美国众议院通过“2022 年美国竞争法案”，要求拨款 5 亿美元，用以支持为美国负责外宣的全球媒体署以及培训外国记者的当地媒体和项目，为海外受众炮制批评中国的新闻报道。在机制上，美国强化统筹协调，形成合力。美国政府大力拉拢媒体、企业、智库、“网红学者”等充当其“传声筒”和“马前卒”，打造“官方放料—媒体加工—多方呼应”的“全流程”传播链条。例如，美国常年污蔑共建“一带一路”项目和贷款威胁合作国主权，引发债务违约和经济崩溃等风险，甚至诋毁我国贷款协议中存在一些保密条款，阻碍借款国就债务重新谈判，试图让经济实力较弱的国家屈膝臣服。“美国之音”网站上详细记录着我国 100 多个企业与 224 个发展中国家政府签订的贷款协议，带着“显微镜”找寻其中的破绽和漏洞，专为所谓“债务陷阱”寻找材料。

围堵牵制“一带一路”顺利推进

在西印度洋，美国拉拢地区国家，不断拓展从地中海至西印度洋广阔海域的军事部署，强化对霍尔木兹海峡、曼德海峡等战略性水域遏控。美国还将触角伸向索马里的“索马里兰”，企图将伯培拉港机场改造成美方军事基地，监视我国在吉布提军事基地活动，遏制我国在非影响力。美日印澳联手建立印太地区海上安全中心，以所谓“制定遏制印太地区非法捕捞的海事倡议”为由，推动该机构与新加坡、印度信息中心共建数据库，企图构建从印度洋到南太平洋的“非法捕捞追踪系统”，借机遏制我国远洋捕捞。此外，作为“土库曼斯坦—阿富汗—巴基斯坦—印度”管线项目的融资商，美国通过亚洲开发银行频繁插手该项目，企图限制土库曼斯坦天然气输华，进而干扰共建“一带一路”在中亚地区的合作项目。

随着共建“一带一路”倡议走深、走实，美国妄图全方位对冲“一带一路”，削弱我国在广大发展中国家的影响力。2019 年，美国合并海外私人投资公司和美国国际发展署的发展信贷管理局成立国际开发金融公司，以激发私营部门作用、扩大融资规模、提升灵活度，与我国抗衡竞争；强调自身贷款更加“透明”，对我国进行打压。同时，美国抹黑“一带一路”不透明、低标准，并且有针对性地推出多个发展倡议。美国特朗普政府曾经提出标榜高标准的“蓝点网络计划”以及针对非洲地区的“繁荣非洲计划”。拜登政府上台后，提出“民主国家”要联合起来发起制订类似共建“一带一路”的基建计划与我国竞争。在 2021 的七国集团峰会期间，七国集团领导人推出“重建美好世界”倡议，意在“由主要民主国家领导，以共同价值观为导向，高标准且透明”地整合美欧日现有发展倡议。

国际暴恐活动活跃地区与我海外利益分布区域重叠度较高。当前，国际暴恐势力回潮且对华敌意有所上升，对我国海外利益安全构成严峻的安全威胁。

“伊斯兰国”多次煽动袭击我国境外利益

“伊斯兰国”在南亚、中东、非洲等地区有近 10 个分支组织，活跃于共建“一带一路”国家。“伊斯兰国”自 2014 年成立以来，多次指责、抹黑我国，近期更将我国作为重点攻击对象之一。“伊斯兰国”及其追随者诬蔑我国试图“控制伊斯兰世界的腐败政权”，煽动极端分子袭击各地的中国人、项目和使领馆。“伊斯兰国”还抹黑我国在莫桑比克等国“掠夺自然资源”，怂恿当地武装搞破坏。在中东地区，中石化 2022 年 1 月与伊拉克签约，拟投巨资开发迪亚拉省曼苏里亚天然气田，合同期长达 25 年。该项目处于“伊斯兰国”活动范围之内，存在被攻击的风险。活跃在南亚地区的“伊斯兰国呼罗珊分支”公开鼓噪开辟暴恐阵线，要“把‘战火’从‘民族主义边界’扩大到邻近的巴基斯坦、塔吉克斯坦、伊朗、中国和乌兹别克斯坦”。

“基地”组织及其分支多次威胁中国

2021年3月，该组织头目扎瓦希里发布视频，歪曲攻击我国，煽动极端分子袭击我国利益。2022年3月，“基地”组织分支索马里“青年党”专门发布声明宣布将中国视为“敌人”，妄称“中国试图在非洲建立军事基地，扩大安全影响”，指责我国“攫取当地自然资源”。2022年3月11日，“青年党”在肯尼亚拉穆郡袭击了一处高速公路建设工地，导致多人死伤，其中有1名中国工人受伤。索马里“青年党”2021年1月在其“官网”发文诬蔑我国在肯尼亚推行“债务陷阱外交”。2022年1月23日，一伙“青年党”武装分子突袭肯尼亚拉穆郡一处工程的停车场，导致8辆卡车被毁。这些车辆属于承建拉穆港—南苏丹—埃塞俄比亚交通走廊项目的中国交通建设有限公司。该项目是东非地区最大的单一基础设施项目。拉穆郡与索马里接壤，日益成为“青年党”发动恐袭的重点区域。

有些暴恐势力借袭击我国海外利益要挟当地政府、勒索赎金。在南亚地区，巴基斯坦恐怖组织“巴基斯坦塔利班”和俾路支分离势力等认为中国是巴基斯坦政府的亲密盟友，袭击中国目标具有象征意义。近年来，我国在巴基斯坦的项目、人员多次遭到“巴基斯坦塔利班”和俾路支分离势力的袭击。例如，2021年4月21日，俾路支省首府奎达市一酒店遭遇爆炸袭击，导致至少4人死亡。我国驻巴基斯坦大使当时在该酒店下榻，因事发时外出幸免。再如，当年7月14日，我国企业承建开伯—普什图省达苏水电站项目出勤班车在赴施工现场途中遭遇爆炸袭击，造成9名中方工程技术人员遇难，30多人受伤。2022年4月我国孔子学院教师在巴基斯坦遭遇“俾路支解放军马吉德旅”袭击，造成重大人员伤亡。

在非洲地区，暴恐组织多次袭击我国在当地利益，对我国在非洲的人员和项目建设造成威胁。我国是刚果（金）第一大外资来源国，目前约有40多家中企在该国从事矿业开发，投资超200亿美元，在刚果（金）华侨华人超过2.1万人。近年来，“刚果发展合作社”对我国在刚果（金）东部地区从事黄金开采的中企和个人发动袭击。在尼日利亚，我国直接投资存量超23.7亿美元，在尼日利亚的华人约10万，多次发生我国公民遭绑架案件。在马里，我国有近百家中资企业从事贸易、投资、工程等业务。中资企业员工曾在马里西南部地区被暴恐组织绑架，并被索要巨额赎金。

部分国家、地区局势动荡对我国企业和公民在当地发展生存带来严峻挑战

特别是一些国家冲突不断，严重威胁我国企业、公民在当地的利益安全。当前，俄乌冲突持续升级，美西方对俄罗斯制裁层层加码，地缘政治角力致战争影响不断扩大，对我国在该地区海外利益造成冲击。乌克兰是我国在该地区的重要贸易伙伴，2021年中乌双边贸易额超190亿美元，两国经贸关系深入发展，在多个领域合作广泛。我国在乌克兰经营的中资企业达50多家，主要集中在通信、电子产品、基础设施、农业、加工业、制造业等领域。我国企业在乌克兰承包工程市场的新签合同额已连续两年超过20亿美元。受俄乌冲突影响，我国大部分在乌企业基本处于停工状态，面临着项目设施和人员安全风险以及资金链和投资链中断等隐患。白俄罗斯是我国创建跨亚欧大陆经济走廊的“全面战略伙伴”。近年来，中白双边贸易额逐年增加，我国已成为白俄罗斯的第二大贸易伙伴。伴随俄乌冲突，美国实施一系列针对俄罗斯及白俄罗斯的经济制裁措施，其中包括对白俄罗斯实施出口管制政策，尤其对军民两用产品和技术以及可能有助于白俄罗斯国防安全的先进产品和技术采取出口限制。我国在白俄罗斯的中白工业园区项目涉及领域广泛，其中不乏电子科技和技术产品贸易，美欧对白俄罗斯实施出口管制，严重阻碍我国与白俄罗斯相关领域贸易合作。此外，中欧班列是我国与欧洲陆上货运最主要的通道。由于俄罗斯、乌克兰在欧亚大陆重要的地理位置，俄乌冲突不可避免地对中欧班列运行产生影响。

在非洲地区，部分国家内部处于内战或局部战争状态。刚果（金）东部伊图里省、北基伍省和南基伍省活跃着数百支武装组织，2022年5月起该地区反政府武装再度发动叛乱，与政府军交火，冲突不断。这些地区安全局势复杂，反对派分子武装程度高，对我国在当地的利益安全构成威胁。

此外，部分国家内部的政治矛盾、党派斗争、族群冲突对我国相关项目的实施、人员的安全形成了冲击。

海晏方能国强

随着我国推进高水平对外开放，推进共建“一带一路”高质量发展，海外利益安全日益关乎我国整体发展利益和国家安全，维护海外利益安全成为一项重要任务，必须从战略高度和全局视野认识和维护海外利益安全。

首先，海外利益安全事关对外开放大局。当前，我国同国际社会的互联互动和利益融合空前密切。我国海外利益不断扩大，在国家整体利益格局中的比重逐步提高。这是我国综合国力由弱到强、对外开放水平由低到高的必然结果，反映出我国与世界关系的历史性变化，也带动海外利益保护需求不断提高。随着我国推进高水平对外开放，走出国门的中国的企业、机构和公民必将进一步增多。

其次，海外利益安全事关走好中国特色国家安全道路。中国特色国家安全道路要求我们把维护海外利益安全工作摆到重要位置。走中国特色国家安全道路，坚持国家利益至上，必须为我国海外利益提供强有力保障；坚持以人民安全为宗旨，必须把维护我国公民海外正当权益和生命财产安全放在首位；坚持促进中华民族伟大复兴，必须以对民族负责、对国家负责、对未来负责的态度看待和开展维护海外利益安全这项工作。

再次，海外利益安全事关统筹国内国际两个大局、统筹发展安全两件大事。2019 年 1 月 21 日，习近平总书记在中央党校举办的省部级主要领导干部坚持底线思维着力防范化解重大风险专题研讨班开班式上强调，“当前，世界大变局加速深刻演变，全球动荡源和风险点增多，我国外部环境复杂严峻。我们要统筹国内国际两个大局、发展安全两件大事，既聚焦重点、又统揽全局，有效防范各类风险连锁联动。要加强海外利益保护，确保海外重大项目和人员机构安全。要完善共建‘一带一路’安全保障体系，坚决维护主权、安全、发展利益，为我国改革发展稳定营造良好外部环境”。在新的历史条件下，特别是我国经济发展进入新常态、外部环境持续发生深刻复杂变化的背景下，维护好、保障好日益扩大的海外利益，同样需要作为统筹国内国际两个大局的一项重要任务抓紧、抓好。

最后，海外利益安全事关推进中国式现代化。近年来，中国式现代化引领下的对外开放新格局为世界提供新机遇，更好惠及各国人民，推进双边、区域和多边合作，进一步推动我国海外利益发展与时俱进、不断丰富。中国式现代化与海外利益安全相辅相成、共同发展，中国式现代化是推进海外利益安全体系和能力现代化的物质基础和前提保障。海外利益安全体系和能力现代化是中国式现代化的重要组成部分，也是推进中国式现代化不断发展和确保中国发展和安全利益的必然要求。

海晏方能国强。2014 年 11 月，习近平总书记在中央外事工作会议上强调，“要切实维护我国海外利益，不断提高保障能力和水平，加强保护力度”。为保护好不断拓展的海外利益，我国大力推动维护海外利益的体制机制不断完善、能力不断提升。

一是坚持从全局和战略高度维护海外利益安全。以习近平同志为核心的党中央高度重视海外利益安保工作，牢牢把握“百年未有之大变局”与“两个一百年”奋斗目标历史交汇期，从统筹推进“五位一体”总体布局、协调推进“四个全面”战略布局的高度，提出了一系列新思想、新观点、新论断，深刻回答了指导海外利益保护的方向性、根本性、全局性重大问题。《中华人民共和国国家安全法》将维护国家海外利益列为维护国家安全的重要任务，第三十三条规定：“国家依法采取必要措施，保护海外中国公民、组织和机构的安全和正当权益，保护国家的海外利益不受威胁和侵害。”

二是不断完善海外利益保护体系，有力应对各种风险挑战。2019 年 10 月 31 日中国共产党第十九届中央委员会第四次全体会议表决通过的《中共中央关于坚持和完善中国特色社会主义制度、推进国家治理体系和治理能力现代化若干重大问题的决定》指出，构建海外利益保护和风险预警防范体系，完善领事保护工作机制，维护海外同胞安全和正当权益，保障重大项目和人员机构安全。近年来，我国逐步建立了中央、地方、驻外使领馆、企业和公民个人“五位一体”的境外安保工作联动网络，形成了立体式领事保护机制模式，海外安全应急和保障能力取得了长足进展。2023 年 9 月施行的《中华人民共和国领事保护与协助工作条例》标志着我国领事保护法治化、制度化、规范化建设迈上新台阶。在风险预警防范机制建设上，我国依托境外中国公民和机构安全保护工作部际联席会议机制开展有关工作。

三是推动以法治方式维护海外利益。习近平总书记在《求是》2022 年第 4 期发表《坚持走中国特色社会主义法治道路 更好推进中国特色社会主义法治体系建设》一文中指出，要坚持统筹推进国内法治和涉外法治，按照急用先行原则，加强涉外领域立法，进一步完善反制裁、反干涉、反制“长臂管辖”法律法规，推动我国法域外适用的法律体系建设。近年来，我国陆续颁布实施《中华人民共和国反外国制裁法》《阻断外国法律与措施不当域外适用办法》《不可靠实体清单规定》等法律法规，明确了反外国制裁的情形、反制程序和反制措施等内容，为我国海外利益保护提供了法治保障。例如，2021 年 6 月实施的《中华人民共和国反外国制裁法》规定，“外国国家违反国际法和国际关系基本准则，以各种借口或者依据其本国法律对我国进行遏制、打压，对我国公民、组织采取歧视性限制措施，干涉我国内政的，我国有权采取相应反制措施”。

当前，国际环境日趋复杂，不稳定性、不确定性明显增加，经济全球化遭遇逆流，世界进入动荡变革期，单边主义、保护主义、霸权主义对世界和平与发展构成威胁，各种传统和非传统安全问题突出。我国海外利益面临的安全风险增加，维护海外利益安全依然任重道远。

党的二十大报告指出，要加强海外安全保障能力建设，维护我国公民、法人在海外合法权益。海外利益安全已成为中华民族伟大复兴必须应对的重大安全问题，应以习近平总书记关于海外利益的重要论述为指引，推动我国海外安全体系和能力现代化。

一是坚持总体国家安全观，统筹推进海外利益维护工作。首先，坚持党的绝对领导。党的领导是中国特色社会主义制度的最大优势，坚持党对海外利益安全工作的集中统一领导，是做好海外利益保护工作的根本原则。对此，习近平总书记要求，全党增强斗争精神、提高斗争本领，落实防范化解各种风险的领导责任和工作责任，并强调要加强党对国家安全工作的集中统一领导，正确把握当前国家安全形势，全面贯彻落实总体国家安全观，努力开创新时代国家安全工作新局面，为实现“两个一百年”奋斗目标、实现中华民族伟大复兴的中国梦提供牢靠安全保障。在习近平总书记重要论述精神指引下，我国把海外利益安全纳入《中共中央关于加强国家安全工作的意见》《国家安全战略（2021—2025 年）》等，体现了党中央从战略高度维护海外利益安全的坚定决心。其次，坚持以人民安全为宗旨。维护海外利益安全，不仅要保障我国在海外的政治、经济利益，还要更加注重保障我国公民在海外的合法权益尤其是生命安全。以人民安全为中心，是中国海外利益保护的价值底色。习近平总书记强调，“国家安全工作归根结底是保障人民利益，要坚持国家安全一切为了人民、一切依靠人民，为群众安居乐业提供坚强保障”。这充分体现了党对人民安全和利益的高度重视和坚定维护。作为国家安全工作的重要组成，海外利益安全要牢牢抓住人民这个核心和关键，始终把人民安全放在中心、首要和突出位置，全力守护海外中国公民生命安全。2011 年，因利比亚国内形势发生重大变化，中国政府分批组织中国在利比亚人员（包括港澳台同胞）35860 人安全有序撤离。这是新中国成立以来，中国政府最大规模的有组织撤离海外中国公民的行动，在世界范围内赢得了广泛赞誉。总体来看，保护中国公民海外安全，仍然是一个突出短板。应尽快构建与中国国际地位相适应的海外安全保障机制，不断提高保护我国公民海外安全的能力和水平。最后，坚持统筹安全与发展。发展是安全的基础，安全是发展的条件。习近平总书记强调，“越开放越要重视安全，越要统筹好发展和安全”。

二是强化顶层设计，完善海保机制体系建设。充分发挥中央国家安全委员会在海保工作中的中枢作用，建立健全集中统一、高效权威的海外利益安全领导体制。加强统筹协调、系统推进、督导落实。完善海外利益安全战略体系、法治体系和政策体系，提升海外利益安全评估、决策、动员和执行能力及水平。完善军地协同、央地协同的海外利益保护工作协调机制和应急管理机制。出台分级保护办法，提高海外利益保护效率。可在国家安全委员会下设海外利益安保领导小组，除重大海外利益安全事件直接由国家安全委员会处理解决，一般海外利益安全事件则由领导小组牵头协调外交部、公安部、安全部、商务部、发展改革委等政府部门及境内外社会力量等资源统筹解决，各部门之间应分工协作、权责清晰、职能完备，形成日常与应急相结合的常态化处理机制，为海外利益安全提供组织机构保障。

三是完善我国海外利益保护的监测预警体系。对于我国海外利益面临的复杂形势，《习近平谈治国理政》第三卷中《坚持底线思维，着力防范化解重大风险》强调：“面对波谲云诡的国际形势、复杂敏感的周边环境、艰巨繁重的改革发展稳定任务，我们必须始终保持高度警惕，既要高度警惕‘黑天鹅’事件，也要防范‘灰犀牛’事件；既要有防范风险的先手，也要有应对和化解风险挑战的高招；既要有打好防范和抵御风险的有准备之战，也要打好化险为夷、转危为机的战略主动战。”为此，要保持战略定力、坚持底线思维、发扬斗争精神，着力防范化解重大风险，运用制度威力应对挑战冲击，构建海外利益保护和风险预警防范体系。完善境外分类分级监管体系，健全共建“一带一路”风险防控体系，防范各类风险挑战内外联动、累积叠加。围绕重点国家与地区，挖掘多渠道、多功能的海外利益信息源，发展海外利益安全信息网络，切实掌握我国海外利益所面临的各种风险因素，基于快速准确的信息形成长效稳定的海外利益风险评估预警及安全防控系统。

四是健全涉外法治，强化保护我国海外利益安全的法律抓手。习近平总书记高度重视运用法律手段保护我国海外利益。在习近平总书记关于涉外法治重要论述指引下，我国海外利益保护要统筹国内法治与涉外法治，积极运用法治方式保护海外利益安全，尊重和坚持国际法，推动国际关系法治化，培养涉外法治人才，积极参与全球治理。《中共中央关于全面推进依法治国若干重大问题的决定》中提出，“运用法律手段维护我国主权、安全、发展利益。强化涉外法律服务，维护我国公民、法人在海外及外国公民、法人在我国的正当权益，依法维护海外侨胞权益”。近年来，我国颁布实施多部法律法规，为我国法律的域外适用和国际法运用能力提升等加快涉外法治工作战略布局，为我国海外利益保护提供了有力法治保障。下一步，需要进一步完善反制裁、反干涉、反制“长臂管辖”法律法规，适时将相关规章和政策上升为阻断法，并尽快出台实施细则；通过在国家豁免、领事保护、对外投资法、对外援助法、涉外民商事纠纷解决等领域的立法，切实保护中国海外企业和公民的合法权益不受侵犯。

五是完善官民结合的海外利益保护工作机制，推动民间力量发挥更大作用。目前，我国保护主体仍主要为政府，民间力量的参与度不足。应完善由政府各职能部门及重点海外运营企业、机构共同组成的海外利益保护工作机制，实现多元参与、分工明确、交叉配合的海外利益保护工作模式。推进政府、企业之间信息的多向交流、共享，提升海保工作实效。政府机构应及时通过社交媒体、网站等向企业发送各类风险预警和处置指南等信息；企业也有责任向相应政府机构反馈其掌握的海外安全信息。政府和企业之间还可强化人员交流，相关部门可派官员到企业挂职，深入了解企业存在的安保薄弱环节及安保需求。同时，有丰富海外安保经验的企业员工也可交流至国家海外利益保护机制或相关地区使领馆任职，协助处理海外利益保护工作。此外，进一步提高基金会、行业协会、智库、专业安保公司等社会资源参与海外利益保护工作，发挥各自渠道及专业优势。

六是强化企业在海外利益保护工作中的主体责任，推动企业转变“被保护”的角色认定，促其积极承担“去保护”的责任。境外企业要注意事前调查、分析、评估相关风险，事中要做好风险规避和管理工作，切实保障自身利益；境外企业要制定可操作性强、分层分级的安全风险防范工作规章制度，建立突发事件应急处置机制，完善内部安全防范和应急预案，层层落实，严格执行，并定期组织员工就预案内容进行演练，根据实际情况不断加以改进和完善；企业要做好员工安全培训工作，将日常安全培训工作纳入境外管理条例，编制系统完善的海外安全防范工作培训手册，定期和适时组织学习、演练，督促员工不断提高自身安全防范意识和能力；融入当地社会，了解并尊重当地习俗和民族宗教信仰，加强与当地社会的跨文化沟通交流；履行社会责任，积极参与公益事业，做好环境保护，促进当地就业，使当地社会切实感受到我国企业投资经营为当地带来的实惠和利益，拓宽企业和谐发展空间；加强宣传交流工作，宣传本企业参与解决当地社会事务、促进当地社会经济发展所做的善事，争取当地各界对企业的理解和支持。

七是强化政策激励引导，大力培育中资安保企业发展。市场化的私营安保力量具有工作效率高、政治敏感度低、国际合规性强等优势。应不断完善相关引导扶持政策，加强顶层设计，推动组建龙头安保企业，充分激发市场活力，推动海外安保产业快速发展。同时，公安部等部门应加强行业发展监管，特别是要加强对企业的业务资质审查，不断推进海外安保市场规范化管理运营。

八是推进安全合作，构建利益安全共同体。安全是发展的前提，人类是不可分割的安全共同体。我国倡导坚持共同、综合、合作、可持续的安全观，共同维护世界和平和安全，秉持安全不可分割原则，构建均衡、有效、可持续的安全架构。要充分发挥大国外交优势，推动有关国家从双边关系大局出发，采取切实有效措施加强对我国在当地人员和机构的安保。继续推进双多边反恐磋商与务实合作，增强国际社会反恐合力。积极开展自然灾害预防和应对、传染病防治等非传统安全领域国际合作，帮助有关国家提升防范应对能力。深入贯彻落实全球安全倡议精神，共同构建普遍安全的人类命运共同体。要更加重视把维护拓展我国海外利益与促进其他国家正当权益结合起来，实现互利共赢，共同发展。我国的海外利益安全与世界各国的安全利益是有机统一的整体，应坚持通过维护中国海外利益的安全促进世界各国的安全，同时又通过维护世界各国的安全更好地保障中国的海外利益安全。

参 考 文 献

1 《党的十八大以来经济社会发展成就系列报告：高水平开放成效显著 合作共赢展现大国担当》，http://www.gov.cn/xinwen/2022-10/09/content_5716801.htm。

2 高凌云、程敏：《统筹推进和加强我国海外利益保护》，《中国发展观察》2021 年第 5 期。

3 《商务部、国家统计局和国家外汇管理局联合发布〈2021 年度中国对外直接投资统计公报〉》，http://www.mofcom.gov.cn/article/syxwfb/202211/20221103365310.shtml。

4 《党的十八大以来经济社会发展成就系列报告："一带一路" 建设成果丰硕 推动全面对外开放格局形成》，http://www.gov.cn/xinwen/2022-10/09/content_5716806.htm。

5 《总体国家安全观干部读本》编委会：《总体国家安全观干部读本》，人民出版社 2016 年版。

6 郭永良：《中国海外利益安全的实践类型及其战略指引》，《公安学研究》2022 年第 3 期。

7 全国干部培训教材编审指导委员会：《全面践行总体国家安全观》，人民出版社、党建读物出版社 2019 年版。

8 李炜：《新时代我国海外利益安全保障能力建设路径探析》，《武警学院学报》2021 年第 5 期。

9 莫纪宏、徐梓文：《为涉外法治提供坚实立法保障》，《光明日报》2022 年 4 月 1 日。

10 胡仁杰：《"一带一路" 背景下中国企业海外利益保护策略研究》，《时代经贸》2020 年第 5 期。

图书在版编目（CIP）数据

海外利益与国家安全 / 总体国家安全观研究中心，中国现代国际关系研究院著 . -- 北京：时事出版社，2025. 4. --（总体国家安全观系列丛书）. -- ISBN 978-7-5195-0572-1

Ⅰ. D6

中国国家版本馆 CIP 数据核字第 2025P723E4 号

出版发行：时事出版社

地　　址：北京市海淀区彰化路 138 号西荣阁 B 座 G2 层

邮　　编：100097

发行热线：（010）88869831　88869832

传　　真：（010）88869875

电子邮箱：shishichubanshe@sina.com

印　　刷：北京良义印刷科技有限公司

开本：787×1092　1/16　印张：19.25　字数：190 千字

2025 年 4 月第 1 版　2025 年 4 月第 1 次印刷

定价：85.00 元